증인들의 이야기

하나님을
만난
사람들의
이야기

목차 ♥

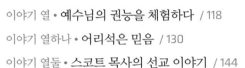

증인들의 이야기 하나.

구원을 선물합니다

"믿음이 없이는 하나님을 기쁘시게 하지 못하나니
하나님께 나아가는 자는 반드시 그가 계신 것과
또한 그가 자기를 찾는 자들에게 상 주시는 이심을
믿어야 할지니라"히브리서 11:6

젊은 나이에 안 해본 것이 없을 정도로 세상의 온갖 쾌락을
즐긴 청년을 만난 적이 있습니다. 그는 당시 백혈병에 걸려 가
족과 애인의 간호를 받는 중이었습니다. 청년의 하루하루는
충격과 분노로 가득 차 있었습니다. 창조주와 세상의 모든 것
이 그저 원망스러울 따름이었습니다. 저는 그런 청년에게 복
음을 전하기로 마음먹었습니다. 예상만큼 쉽지는 않았습니
다. 청년은 복음을 듣는 것을 강력하게 거부했습니다. 그런데
이때, 늘 눈물을 보이며 청년의 옆을 지키던 그의 어머니와 여

동생이 복음을 듣고 싶다고 요청을 했고, 마침내 예수 그리스도를 영접하게 됐습니다. 이날 이후 저는 청년의 가족들에게 지속해서 복음을 들려주기 시작했습니다. 시간이 차차 흐르자 청년 역시, 자연스레 마음의 문을 열었습니다.

"이젠 마음이 평안해졌어요."

그 후로 청년은 하나님 말씀을 듣는 것을 고대하고 즐거워했습니다. 분노로 가득했던 그의 얼굴에는 어느새 평온이 깃들었습니다. 청년의 변화된 모습을 본 그의 애인 역시, 희망을 얻고 예수 그리스도를 영접하게 됐습니다. 그러나 유일하게 한 사람, 청년의 아버지만은 복음을 거부했습니다. 청년의 아버지는 지금 당장은 하나님이 믿어지지 않는다고 솔직하게 고백했습니다. 그러던 어느 날, 청년의 아버지와 조용히 대화할 기회가 있었는데, 그때 저는 성경에 있는 복음을 처음부터 끝까지 설명할 수 있었습니다. 청년의 아버지는 말씀을 경청

하며 다음과 같이 고백했습니다.

"사실 그동안 하나님을 믿어보려고 나름대로 많은 노력을 해왔습니다. 그리고 하나님에 대해 알고 싶어서 각종 신학서적도 읽어보았습니다. 그런데도 하나님이 믿어지지 않았는데… 지금 복음을 듣고 나니 하나님이 조금 믿어지기 시작하네요."

청년의 아버지는 예수 그리스도를 구주로 영접하며 뜨거운 눈물을 흘렸습니다. 그는 제 손을 꼭 붙잡으며 아들을 위해 기도하기 시작했습니다.

"주님! 제 아들을 주님께 맡깁니다."

갑작스러운 아들의 병으로 망연자실해있던 한 가족이 어느새 예수 그리스도를 영접하고 가족예배를 드리는 기적을 체험했습니다. 모두가 함께 모여 예배를 드리는 중, 청년이 말했습니다.

"저를 통해 온 가족이 구원을 받는 것이 하나님의 계획이었습니다. 이제 저는 죽음이 두렵지 않습니다. 하나님 나라에 평안히 갈 수 있겠어요."

며칠 후, 청년은 하나님의 부르심을 받았습니다. 소중한 지체를 잃은 가족들의 마음은 무척 슬펐지만 하나님은 그들의 상처를 소망으로 채우셨습니다.

하나님을 만난 나사로

사람은 육신을 가지고 있기 때문에 하나님의 존재 자체를 의심하거나 믿지 못하는 경우가 많이 있습니다. 이것은 곧 하나님의 능력을 체험하지 못해 무능력과 불신앙에 시달리며 방황하는 삶으로 이어집니다. 이런 상황을 두고, 예수님은 성경에서 다음과 같은 이야기를 하셨습니다.

"부자에게는 풍족히 가진 것과 가지지 못한 것이 있다.누가
복음 16:19~31 사실상 부자는 하나님의 계획으로 많은 돈과 건강,
기회를 가졌다. 그러나 이 부자에게 없는 것이 몇 가지가 있
다. 첫째, 하나님이 없다. 둘째, 육신적인 쾌락은 있으나 참된
행복이 없다. 셋째, 날마다 잔치를 했지만 참된 친구가 없다.
넷째, 왜 살아야 하는지에 관한 인생의 참된 목적이 없다. 다
섯째, 참된 소망이 없다. 여섯째, 내세가 없다."

정리해보면, 부자는 매우 비참한 삶을 살았다고 볼 수 있습
니다. 반면 나사로의 인생은 어땠을까요? 나사로는 부자의 상
에서 떨어지는 음식을 먹으며 살아가는 거지였습니다. 그러
나 나사로는 비록 비참한 거지의 생을 살았지만 끝내는 예수

님을 구주로 믿고 천국에 갔습니다. 물론 나사로처럼 살아야 한다는 말은 아닙니다. 다시 말해, 예수님은 육신의 안락만 취하다가 죽어서는 결국 지옥으로 가는 부자의 인생이 나은지 아님, 비록 거지로 살았지만 천국에 간 나사로의 인생이 나은지를 묻고 계십니다. 이것이 비유의 핵심입니다.

사람들은 대부분 당장의 먹고 사는 문제만으로도 힘들어서, 또는 현세에 충실하면 된다는 생각 때문에 내세의 중요성을 간과합니다. 그런데 하나님을 만나지 못하면 죽음 이후^{내세}는 물론 현세에도 상당한 영향을 끼칩니다.

하나님을 만나지 못하면

사람이 하나님 만나는 것을 가장 두려워하고 싫어하는 세력이 있습니다. 바로 사탄입니다. 본래 사탄은 하나님을 찬양하고 경배하는 천사였는데, 타락하여 하나님을 대적하고 사람과 하나님 사이를 이간질하는 존재가 되었습니다. 그래서 하나님을 만나지 못한 모든 세상 사람은 사탄의 손아귀에 있게 됩니다. 평생을 사탄에게 붙잡혀 살게 되는 것입니다.요한복음 8:44 그 결과, 아무리 열심히 노력하고 착하게 살아도 결국에는 사탄의 속임수에 넘어가게 됩니다. 행복하기 위해 노력해서 얻어낸 많은 결과물이 허무하게 느껴지고 곧 모래성처럼 무너지게 됩니다. 이것은 곧 죽은 인생이나 다름이 없습니다.에베소서 2:1 몸은 살아서 돌아다니는 것처럼 보이지만 실상은 죽은 상태인 것입니다. 그래서 세상 풍조를 따르며 점을 보고 부적도 붙이며 굿도 해보지만 결국 인생의 끝은 지옥일 뿐입니다. 죄원죄, 하나님을 떠남의 삶은 사망이기 때문입니다. 우리가 지옥에 가는 것은 죄자범죄를 지어서가 아니라, 죄문제원죄를 해결 받지 못했기 때문입니다.

하나님을 만나는 길

하나님은 사람을 옭아매고 있는 죄와 사망의 권세로부터 우리를 건져내기 원하십니다. 그래서 하나님은 하나님을 만나는 길을 열어주셨습니다. 그 길이 바로 예수 그리스도입니다. 독생자 예수 그리스도가 우리의 근본문제하나님을 떠나 생긴 죄 문제를 해결하셨습니다. 사망의 원인이 되는 죄를 십자가 위에서 자기 피로 씻어 주셨고, 사망의 왕노릇하는 사탄의 권세를 부활로 말미암아 완전히 깨뜨리셨습니다. 그러므로 그리스도 예수 안에 있는 자에게는 결코 정죄함이 없습니다.로마서 8:1 그리스도 예수 안에 있는 생명의 성령의 법이 죄와 사망의 법에서 해방하였기에로마서 8:2 누구든지 그리스도 예수를 믿는 자는 멸망하지 않고 영생을 얻습니다. 영접하는 자 곧 그 이름을 믿는 자들에게는 하나님 자녀가 되는 권세를 주셨습니다. 주님은 지금도 우리에게 다가와 말씀하십니다.

"볼지어다 내가 문 밖에 서서 두드리노니
누구든지 내 음성을 듣고 문을 열면 내가 그에게로 들어가
그와 더불어 먹고 그는 나와 더불어 먹으리라"요한계시록 3:20

구원을 선물합니다

증인들의 이야기 둘.

드디어!
귀신에게서 벗어났습니다

"예수께서 바다 건너편 거라사인의 지방에 이르러 배에서 나오시매

곧 더러운 귀신 들린 사람이 무덤 사이에서 나와 예수를 만나니라

그 사람은 무덤 사이에 거처하는데 이제는 아무도 그를 쇠사슬로도

맬 수 없게 되었으니 이는 여러 번 고랑과 쇠사슬에 매였어도

쇠사슬을 끊고 고랑을 깨뜨렸음이러라 그리하여 아무도 그를

제어할 힘이 없는지라 밤낮 무덤 사이에서나 산에서나 늘 소리 지르며

돌로 자기의 몸을 해치고 있었더라 그가 멀리서 예수를 보고 달려와

절하며 큰 소리로 부르짖어 이르되 지극히 높으신 하나님의 아들

예수여 나와 당신이 무슨 상관이 있나이까 원하건대 하나님 앞에

맹세하고 나를 괴롭히지 마옵소서 하니 이는 예수께서 이미 그에게

이르시기를 더러운 귀신아 그 사람에게서 나오라 하셨음이라

이에 물으시되 네 이름이 무엇이냐 이르되 내 이름은 군대니

우리가 많음이니이다 하고 자기를 그 지방에서 내보내지 마시기를

간구하더니"마가복음 5:1~10

제가 부교역자로 일할 때 있었던 일입니다. 갑자기 동네사

람이 제게 와서 자신의 집에서 예배를 드려달라는 부탁을 했습니다. 그래서 저는 목사님을 모시고 그 집을 방문했습니다. 한참 예배를 드리고 있는데, 누군가 옆방에서 예배를 못 드릴 정도로 벽을 치며 소리를 지르는 게 들렸습니다. 알고 보니 그 집 아이가 귀신에 들려 고통스러워하며 울부짖는 것이었습니다. 아이의 상태를 확인한 후, 그 집안의 배경을 살펴보게 됐습니다. 보아하니 아이에게 영적문제가 올 수밖에 없는, 그야말로 우상숭배가 심한 집안이었습니다. 마침 그때 제가 하고 있던 사역이 어린이 사역이었기 때문에 목사님은 제게 그 아이에게 직접 하나님 말씀을 들려주라고 요청하셨습니다. 그후, 저는 아이를 살릴 수 있는 말씀을 찾기 위해 성경책을 열심히 탐독했습니다. 이때 저는 성경에 귀신들린 자를 치유하는 내용이 많다는 것을 처음으로 깨닫게 됐습니다. 저는 예수님이 우리를 부르실 때, 처음부터 귀신을 내쫓는 권세를 주셨다는 말씀을 그 아이에게 증거했습니다. 솔직히 저 자신조차 확신 없는 상태에서 설명했지만 신기하게도 그 아이는 점점 회복되기 시작했습니다. 며칠 후, 그 아이가 부모와 함께 수요 예배에 나타났을 때, 저는 다른 아이인 줄 알고 깜짝 놀랐습니다.

사탄의 전략을 폭로한 책이 성경입니다

사탄은 아담과 하와를 무너뜨리기 전부터 분명히 존재했고 지금도 여전히 활동하고 있습니다. 창세기 3:1~20 사탄은 통치자와 권세를 잡은 자를 통하여 어둠의 세력을 주관하고 에베소서 6:12 우상숭배를 하게 만들어 사람을 멸망 가운데에 빠뜨립니다. 그래서 하나님은 가나안에 입국한 이스라엘 민족에게 우

상을 타파하고 잡신을 몰아내고, 무당을 전부 멸하라고 명령

하셨습니다.

우상숭배 하는 사람에게는
반드시 재앙이 오기 때문입니다 출애굽기 20:4~5

하나님이 아브라함을 부르신 목적은 우상숭배의 현장인

갈대아를 떠나 메시아를 보낼 가나안땅에 보내는 것이었습니

다. 그리고 거기에서 아브라함의 씨를 통해 하나님을 섬기는

큰 민족을 이룰 것을 약속하셨습니다. 이스라엘 민족을 이집

트애굽에서 내보내신 목적도 귀신을 섬기는 우상 현장에서 빠

져나와 약속의 땅인 가나안에서 하나님만 섬기게 하는 것이

었습니다. 하나님이 이토록 우상숭배를 금지하신 이유는 무

엇일까요? 우상숭배는 재앙을 불러오기 때문입니다. 우상의 배후에는 사탄이 있습니다. 우상을 숭배하면 사탄, 마귀가 역사합니다. 사람은 본래 하나님만 섬기는 존재였는데 사탄, 마귀는 사람과 하나님, 사람과 사람 사이를 이간질하고 하나님이 아닌 우상을 숭배하게 한 다음 결국, 망하게 만듭니다. 더욱 심각한 것은 그 재앙이 개인에게만 미치는 것이 아니라, 삼사 대의 후손에게까지 이어진다는 것입니다.

우상숭배자는 악령에 의해
항상 괴로움을 당합니다 마가복음 5:1~10

우상숭배자는 악령에 의해 항상 괴로움을 당하며 살게 됩니다. 마가복음 5장 2절을 보면, 우상숭배자는 자신도 모르게 더러운 것을 좋아한다고 말합니다. 이것은 사탄의 더러운 영이 마음속에 들어가 영향을 주기 때문입니다. 극단적인 예로, 사탄과 마귀에 사로잡힌 자들을 보면 세수도 안 한 지저분한 얼굴을 하고 있고 옷도 주변 사람들을 전혀 의식하지 않은 차림으로 다니는 것을 볼 수 있습니다. 또, 간혹 악령의 통제를 받아 괴력을 발휘하는 사람도 있습니다. 이는 주변 사람으로부터 호기심과 공포심을 불러일으키기 충분한 행동입니다. 본의 아니게 주변 사람들에게 피해를 주지만 가장 먼저 당사자의 건강을 해치고, 원만한 인간관계를 맺을 수 없다는 점이 매우 고통스럽고 안타까운 부분입니다.

우상숭배를 하면 할수록
고난이 점점 쌓입니다 마태복음 12:43~45

　　생명이 없는 교인의 모습도 마찬가지입니다. 이들은 하나님을 믿는 것이 아니라, 단순히 종교생활을 하는 것에 불과합니다. 다시 말해, '허구적 신념'이라는 우상을 섬기는 것입니다. 이것은 사탄이 벌이는 고도의 속임수입니다. 종교생활을 하는 사람들은 늘 메마르고 피곤하며 고달픈 삶을 살아갑니다. 아무리 교회를 다녀도 하나님의 은혜를 느낄 수 없습니다. 그래서 힘이 나지 않고 삶이 무료합니다. 오랜 세월동안 교회를 다니며 신앙생활을 했는데도 이와 같은 삶이 계속 이어진다면 형태만 다를 뿐, 본질은 우상숭배인 종교생활을 하고 있는 것은 아닌지 냉정하게 점검해보아야 합니다.

고상하고 거룩해 보이는
정신수양 역시, 우상숭배입니다

마음을 비우고 정신을 수양하는 것 역시 우상숭배입니다. 과정은 아름답고, 진지하고, 거룩하게 보이지만 그 결과는 비참합니다. 마음을 비우고 더 높은 정신적 경지에 오를수록 더 악한 귀신에 사로잡히게 되어 악령으로 충만해질 뿐입니다. 마태복음 12장 44절에서 45절을 보면, 마음을 비우면 "악한 귀신 일곱이 들어가 거하여 나중의 형편이 전보다 더욱 심하게 된다"라고 말하고 있습니다. 점쟁이나 무당들이 예언을 하고 초능력을 발휘하는 것은 악령의 역사입니다. 이것은 온전한 능력이 아니라 다른 영혼들을 사냥하기 위한 도구에 불과한 것입니다. 개인이 귀신으로 충만하면 몸과 마음, 혼이 시달리다가 결국 파멸의 길에 이르게 됩니다.

귀신들린 자를 구원하려면 어떻게 해야 할까요?

성령으로 충만해야 합니다. 성령은 곧 하나님이시며, 그리스도의 영이십니다. 성령 충만이란, 하나님께서 우리의 전인격을 다스리시는 상태를 말합니다. 우리가 하나님의 통치에 완전히 들어갈 때 우리 삶 속에 하나님의 능력이 나타납니다.

베드로전서 5장 8절을 보면 사탄, 마귀는 우리의 '대적'이라고 했습니다. 이들은 빈틈만 생기면 우는 사자처럼 공격하는 존재입니다. 예수님이 재림하실 때까지 우리는 사탄, 마귀와 영적 싸움을 해야 합니다. 그러나 겁낼 것은 없습니다. 예수님이 이미 사탄, 마귀의 권세를 완전히 깨뜨리셨기 때문입니다. 대신 영적 싸움에서 승리하려면 항상 근신하고 깨어 있어야 하며 믿음으로 대적해야 합니다. 즉, 말씀과 기도와 전도

로 무장해야 합니다. 이때 하나님께서 주시는 권능으로 사탄,

마귀를 이기고 귀신들린 자를 살릴 수 있습니다.

드디어! 귀신에게서 벗어났습니다

증인들의 이야기 **셋.**

언더우드 Horace Grant Underwood 선교사의
전도 이야기

"믿음은 바라는 것들의 실상이요 보이지 않는 것들의 증거니
선진들이 이로써 증거를 얻었느니라 믿음으로 모든 세계가
하나님의 말씀으로 지어준 줄을 우리가 아나니 보이는 것은
나타난 것으로 말미암아 된 것이 아니니라" 히브리서 11:1~3

다음 소개될 일화는 조선시대 후기인 1885년, 복음을 전하기 위해 한국에 들어와 20여 년 동안 선교사로 활동한 언더우드 선교사의 이야기입니다.

안산 발왈 장터에 불치병으로 칩거해있는 한 청년이 있었습니다. 그 사람은 원래 얼굴을 못 알아볼 정도로 부어올라서 곧 죽을 것만 같았습니다. 아마도 이 청년은 신장 계통에 문제가 생겨 소변이 배출되지 않아 심하게 부어올랐던 것으로 보

입니다. 해가 지고 얼마 되지 않았을 때, 언더우드Horace Grant Underwood 선교사는 그 청년의 집을 방문하게 되었습니다. 그곳에는 무당이 청년에게서 악령이 떠나도록 굿을 하고 있었고, 사람들은 그것을 구경하기 위해 모여 있었습니다. 언더우드는 그곳의 광경을 지켜 본 다음, 70세 할머니로 보이는 환자의 어머니에게 말했습니다.

"아드님의 상황이 너무 심각하군요. 제가 아드님을 살릴 수 있는 답을 제시하고 싶습니다."

그러면서 언더우드 선교사는 청년의 어머니에게 '예수 그리스도'에 대한 설명을 이어나갔습니다. 그러자 그녀는

"아들만 살려주신다면 무엇이든 다 믿겠습니다."라고 대답했습니다.

"병의 완치보다도 더 중요한 것은 죽어가는 저 청년의 영혼이 구원을 받는 것입니다."

언더우드 선교사가 말했습니다. 이렇게 대화가 오고 간 바로 그때, 그 마을에 예수 그리스도를 믿는 사람 몇 명이 집에 들어와 언더우드에게 인사를 했습니다. 그러자 환자 어머니는 무언가 확신에 찬 듯한 기색을 보이며 언더우드에게 말했습니다.

"당신이 원하는 대로, 당신이 할 수 있는 한 무엇이든 해주시오."

그러자 언더우드 선교사는 그녀에게 요청했습니다.

"우리가 기도하는 동안 자리를 떠나지 말고 끝까지 함께 있어주세요."

그리고 언더우드 선교사는 그곳에 모여 있던 남자 무당과 여자 무당, 친척들과 사람들을 모두 밖으로 내보냈습니다. 그때부터 남은 신자들과 함께 금식을 하며 사흘 동안 하나님께 기도를 드렸습니다. 삼 일째 되던 날, 청년의 얼굴은 점점 부기가 가라앉기 시작하여 마침내 정상적인 상태로 돌아오게 되었습니다. 청년의 회복이 안정기에 접어들었을 때쯤 언더우드 선교사의 일행은 그동안 청년의 가족이 악령을 숭배해 왔던 모든 흔적들을 치우는 작업에 들어갔습니다. 이들 곁에서 예수 그리스도의 능력을 실제로 체험한 청년의 모습을 본 주변의 친척들과 동네 주민들은 차차 예수 그리스도를 영접하기 시작했습니다.

언더우드 선교사가 만난 가족의 불행은 단순한 질병에 기인한 것이 아닙니다. 인간은 영적 존재이기에 하나님을 떠나면 다양한 영적문제를 겪게 됩니다. 그 중의 하나가 육체적 질병인데, 이것의 근본적인 해결책은 복음으로 치유 받는 것입니다. 물론 잠깐의 부주의와 위생적이지 못한 습관으로 병에 걸릴 수 있고, 또 이것은 약물치료로도 가능합니다. 그러나 위일화에서 나온 청년의 상태는 사람의 물리적인 치료에 기대기에는 너무나 심각한 상황이었습니다. 그래서 굿의 힘을 빌려 고통을 해소하려고 했지만 이것은 상황을 더 악화시킬 뿐입니다. 영의 세계를 제대로 이해하지 못했기 때문입니다.

영의 세계를 이해하지 못한 결과

영의 세계를 제대로 이해하지 못하면 영적문제 역시 해결할 수 없습니다. 당연히 예수 그리스도께서 주신 복음도 이해할 수 없습니다. 복음을 정확하게 알아듣지 못할 때마다 개인과 사회에는 반복적인 재앙이 찾아왔습니다.

첫째, 여러 종교가 출현했습니다. 종교는 사람이 공로나 선행을 통해 하나님을 만나려는 노력을 뜻합니다. 사람들은 종교적인 방법인 행위와 계율을 통해 구원을 받을 것이라고 오해합니다. 그러나 이것은 사탄의 존재와 그 실체, 나아가 원죄를 모르는 데서 기인한 것입니다. 원죄를 모르기에 결국, 자범죄만 강조하게 됩니다. 영적인 비밀과 복음을 정확히 알지 못하는 교회도 마찬가지입니다. 이들은 교인들에게 열심과 방법, 희생을 강조하기에 기도응답을 제대로 체험하지 못하는 성도종교인가 점점 늘고 있습니다. 세상을 복음으로 변화시키기는커녕, 무력한 신자만 만들 뿐입니다. 뿐만 아니라 적극적인 사고방식 강조, 불건전 신비주의 등으로 인해 뒤틀린 신앙생활이 계속되고 있습니다.

둘째, 율법만 잘 준수하면 의인의 길을 갈 수 있다고 착각했습니다. 유대인 중에 율법을 열심히 고수한 사람이 바로 바리새인입니다. 바리새인은 열심히 최선을 다하는 것이 신앙생활을 잘하는 것이라고 착각했습니다. 하지만 열심 이전에 이미 주어진 복음과 하나님 자녀의 축복을 알고 누리는 것이 더 중요합니다. 종교인의 특징은 말과 방법에는 숙달되어 있지만 정작 중요한 참된 기쁨, 능력, 평안이 없습니다.

셋째, 영이 사탄에게 장악되어 있으므로 우상을 숭배하게 되었습니다. 그래서 자신이 실패하고 자손들이 망해가는데도 그것의 근본적인 이유를 몰라 계속 멸망의 길로 가는 것입니다.

넷째, 영적인 일을 모르니 사명을 망각하고 자신의 야망에 이끌리는 삶을 보내게 되었습니다. 하지만 올바른 신앙생활은 자신의 야망이나 목표를 따라가는 것이 아니라, 하나님의 계획을 찾아가는 것입니다.

소위 신앙생활을 잘한다는 신자들이 종교생활과 희생, 열심, 야망, 방법 등에 머물러 있는 경우가 다반사입니다. 그러나 이것은 결코, 하나님이 우리에게 요구하신 것이 아닙니다. 하나님은 하나님 자녀에게 주신 축복이 따로 있습니다. 구원받은 하나님 자녀 안에는 성령이 거하시고 세밀히 인도하시기에 기도하고 예배할 때마다 역사가 일어나게 됩니다. 하나님 자녀가 가는 곳마다 하나님 나라가 임하여 현장에 긍정적인 변화가 일어납니다. 하나님 나라가 임한다는 것은 하늘의 천군천사가 활동하여 어둠의 세력이 도망가는 것을 말합니다. 이것이 바로 구원받은 성도가 누리는 영적인 축복입니다.

언더우드 선교사의 전도 이야기

사명을 잃은 이스라엘의 모습

영적으로 무지하면 사명의 눈도 멀게 됩니다. 바로 이스라엘 민족이 그랬습니다. 이스라엘 민족은 전 세계에 구원의 길을 설명해야 하는 사명을 잃어 430년 동안 이집트^{애굽}에서 노예생활을 하게 되었습니다. 그리스도의 피 언약을 깨닫고 유월절 어린 양의 피를 바를 때가 되서야 비로소 이집트에서 빠져나올 수 있었습니다. 마침내 가나안땅을 정복하고 정착했지만 평화는 오래가지 못했습니다. 이스라엘 민족은 또 다시 '피 언약'을 잊어버리고 이웃의 우상을 좇아갔습니다. 그때마다 이스라엘 민족은 블레셋의 침략에 시달렸고 앗수르와 바벨론의 포로가 되는 수난을 겪어야만 했습니다.

하나님은 단순히 이스라엘 민족에게 벌을 주기 위해서 노예 생활, 전쟁을 허락하신 것이 아닙니다. 하나님은 고통스러운 방법을 통해서라도 이스라엘 민족이 복음을 정확히 깨닫기를 원하셨고, 또 이들을 통해 전 세계를 구원하기를 계획하신 것입니다. 그럼에도 불구하고 깨닫지 못한 이스라엘은 결국, 로마의 속국이 되고 말았습니다. 그리고 그리스도로 오신 예수님을 십자가에 못 박았습니다. 하지만 복음의 끈은 쉽게 끊어지지 않았습니다. 하나님은 초대교회와 바울을 일으켜 세워 복음을 전파하셨습니다. 초대교회와 바울 역시 핍박을 받고, 로마의 공격으로 예루살렘이 완전히 훼파되어 성도가 로마 전역으로 흩어지는 고통을 받았지만 복음은 점점 확산되었습니다. 그 결과 250년 만에 로마는 복음 앞에 무릎을 꿇게 되었습니다.

42 42
증인들의 이야기

교회의 사명

교회의 진정한 사명은 영적인 비밀을 전하는 것입니다. 교회는 구제와 봉사, 친교 등 좋은 일도 많이 해야 하지만 더 중요한 것은 전도와 선교입니다. 이것은 재앙을 막고 흑암 문화를 꺾는 정확한 길입니다. 소금이 그 맛을 잃으면 밖에 버려져 사람에게 밟히듯이 교회가 전도와 선교의 사명을 잃으면 세상을 살리는 것이 아니라 오히려 세상에 짓밟히고 맙니다. 교회의 진정한 사명은 길을 잃고 어둠 속에서 표류하는 인생에 생명의 빛을 비추는 진리의 등대가 되는 것임을 잊지 말아야 합니다.

다시 살고 싶어졌어요

"또 증거는 이것이니 하나님이 우리에게 영생을 주신 것과
이 생명이 그의 아들 안에 있는 그것이니라 아들이 있는 자에게는
생명이 있고 하나님의 아들이 없는 자에게는 생명이 없느니라
내가 하나님의 아들의 이름을 믿는 너희에게 이것을 쓰는 것은
너희로 하여금 너희에게 영생이 있음을 알게 하려 함이라"
요한일서 5:11~13

3대째 기독교를 믿는 가문에서 태어났지만 36년 동안 영적으로 어려움을 겪은 여인이 있었습니다. 그녀의 할머니는 교회를 열심히 다녔지만 제사는 빠뜨리지 않고 지키는 권사였습니다. 할머니는 제사상에 올렸던 물을 매번 그녀에게 먹이며 이렇게 말했습니다.

"이 물을 마시고 힘을 얻어서 남동생을 잘 돌보아야 된다."

그러던 어느 날이었습니다. 할머니를 따라 열심히 교회에

다녔던 그녀에게 이상한 문제가 나타나기 시작했습니다. 밤마다 가위에 눌렸고, 천정에 뱀이 똬리를 틀고 앉아 혀를 날름거리고 있는 환상이 보였습니다. 식사 전에 눈을 감고 기도하려고 하면 밥상이 덜컹거리기도 했습니다. 그녀의 증상은 우울증이라는 판명이 났고, 결국 학업을 중단해야만 했습니다. 밤이면 밤마다 흑암 세력은 그녀를 찾아와 괴롭혔습니다. 세월이 흘러 결혼을 하고 어느 덧 두 아들의 엄마가 되었지만 그녀의 우울증은 날로 심해졌습니다. 지칠 대로 치친 그녀는 자신의 모든 상황을 받아들이며 하나님 앞에서 기도했습니다.

"하나님! 죽고 싶습니다. 이제 저는 어떻게 해야 합니까?"

그런데 그때 갑자기 교회에서 들었던 말씀이 떠올랐습니다. 예수님은 모든 죄와 저주, 그리고 사탄의 손에서 우리를 해방하신 그리스도이시기에 그분을 믿고 영접하는 사람은 모든 문제를 해결 받게 된다는 말씀이었습니다. 그녀는 무릎을 꿇고 영접기도를 드렸습니다.

"사랑의 주님! 당신은 저의 모든 죄를 십자가 위에서 대속하셨습니다. 제게 와 있는 모든 저주를 끝내셨으며, 저를 괴롭히는 사탄 세력을 결박하셨습니다. 지금 제게 있는 모든 문제도 주님께서 이미 다 해결하신 줄 믿습니다. 지금 이 시간, 제가 죄인인 것을 고백합니다. 저의 모든 죄와 허물을 용서하시고 저를 주님의 자녀로 삼아 주소서. 저의 마음 문을 열겠습니다. 지금 제 마음 중심에 영원한 주인으로 오소서. 주님은 저를 위해 죽으시고 부활하신 그리스도이심을 믿습니다. 예수 그리스도 이름으로 기도합니다. 아멘."

이 순간 그녀는 그토록 알고 싶었던 예수 그리스도의 사랑을 체험하게 되었습니다. 그때 이후로 36년간 그녀를 괴롭혀온 영적문제가 완전히 사라지고 진정한 평안이 그녀에게 찾아왔습니다. 지금도 크고 작은 문제들이 그녀에게 일어나고 있지만 이제 더 이상 그녀는 두렵지 않습니다. 왜냐하면, 하나님 아버지께서 그녀의 모든 삶을 다스리고 계시기 때문입니다. 다만 지난 36년 동안 교회를 다니면서도 복음을 깨닫지 못하여 고통 받았던 세월이 한스러울 뿐입니다. 그래서 그녀는 영적문제로 고통당하는 사람들을 돕는 전도자로 살기로 결심했습니다. 매일 생명의 복음을 증거하는 것이 그녀에겐 기쁨이자 보람입니다. 요즘 그녀를 보는 사람마다 한결같이 말합니다.

"참 행복해 보이십니다."

교회를 다니는 사람들 가운데 구원의 비밀을 알지 못한 채 확신 없이 살아가는 사람이 많습니다. 구원의 확신이 없기 때문에 우울증에 시달리기도 하며, 여러 가지 영적문제로 고통을 당하는 사람도 있습니다. 심지어 자살까지 하는 성도도 있

습니다. 그러므로 구원의 비밀을 알고 확신을 갖는 것이 매우

중요합니다.

구원이란 무엇일까요?

구원이란, 단순히 교회에 다니고 천국에 갈 수 있다고 막연히 소망하는 정도가 아닙니다. 세 가지 문제가 해결되는 것을 말합니다.

첫째, 모든 과거문제가 해결되는 것입니다.에베소서 2:1 사람은 누구나 원죄 가운데 태어나서 일생토록 자범죄를 지으며 살아갑니다. 최초의 사람 아담이 하나님을 떠난 죄를 원죄라 하며, 그 결과 아담의 후손인 사람이 살아가면서 범하게 되는 죄를 자범죄라고 합니다. 죄는 사람으로 하여금 하나님을 떠나게 만들며 재앙과 저주를 불러옵니다. 사람들은 죄로 인한 무거운 짐과 고통, 상처를 안고 살아갑니다. 아무리 착하게 살아도 죄는 지워지지 않습니다. 그러나 인류의 모든 죄를 십자가 위에서 대속하신 예수 그리스도를 믿고 영접하는 순간 누구든지 과거의 모든 문제에서 해방을 받습니다.

둘째, 구원은 현재문제가 해결되는 것입니다.에베소서 2:2 예수 그리스도를 영접하는 순간 우리의 영혼을 사로잡고 있는 사탄의 권세에서 빠져나올 수 있습니다. 다시 말해, 우리를 얽매고 있던 운명과 미신, 우상숭배와 같은 세상풍속에서 완전히 빠져나오게 됩니다. 더는 귀신의 종노릇을 하며 마귀를 섬기는 것이 아니라, 예수 그리스도 이름으로 마귀를 결박하고 이기며 살게 됩니다. 그동안 우리를 괴롭혔던 여러 가지 영적 문제로부터도 자유하게 됩니다.

셋째, 구원은 미래문제가 해결되는 것입니다.에베소서 2:6 구원을 받는 순간 내세문제가 해결됩니다. 지옥의 권세에서 영원히 해방되어 영원한 천국에 거주하게 됩니다. 이 땅에서 천국에 가는 날까지 영원한 소망 가운데 모든 것을 이겨낼 수 있으며, 하나님의 계획을 따라 살게 됩니다.

예수님을 믿고 영접하는 그 순간부터 과거, 현재, 미래의 모든 문제가 해결됩니다. 이처럼 구원은 완벽한 축복입니다.

하나님 자녀가 가져야 할 확신이 있습니다

신자들 중에는 구원을 받았는데도 확신이 없어 방황하는 사람이 많습니다. 확신이 없다면 어떻게 될까요? 사탄에게 속게 됩니다. 사탄은 예수 그리스도 이름 앞에 권세가 꺾인 것이지 존재 자체가 사라진 것은 아니기 때문입니다. 베드로전서 5장 7절에서 8절의 말씀을 보면, 사탄은 지금도 우는 사자처럼 두루 다니며 삼킬 자를 찾고 있습니다. 그래서 늘 의심하고 염려하는 사람을 넘어뜨립니다. 구원을 받은 사람에게는 예수님이 성령으로 늘 함께하시기에 더는 속지 않고 다섯 가지 확신을 갖는 것이 필요합니다.

구원의 확신

구원의 확신이 없다는 것은 빚을 다 갚은 사람 _{구원받은 사람} 이 아직도 사기꾼 _{사탄} 에게 빚 독촉을 받으면서 자신의 재산을 빼앗기는 것과 같습니다. 또, 구원의 확신이 없다는 것은 인생의 기초가 흔들리는 것과 같기 때문에 구원을 지식으로만 아는 것이 아니라 삶 속에서 늘 확신하며 체험해야 합니다. 구원을 받은 즉시, 우리는 명백한 하나님 자녀가 됩니다. 또, 죄와 사망의 법에서 해방됩니다. 죄와 사망의 법은 우리가 흔히 말하는 사주, 팔자와 같은 것입니다. 더는 사주, 팔자에 얽매이며 염려할 필요가 없으며 우리 안에 늘 성령이 내주하시기에 기도하며 참된 평안을 느낄 수 있습니다.

성령 인도의 확신

눈에 보이지 않지만 사탄은 여전히 우리 삶 속에서 깊이 관여하며 활동하고 있습니다. 그러나 걱정할 것 없습니다. 하나님이 성령으로 우리와 동행하시기 때문입니다. 하나님은 하나님 자녀의 모든 발걸음을 인도하십니다. 그렇기에 입으로만 하나님을 믿는다고 고백하는 것에 머물지 않고, 실제로 하나님을 믿으며 나의 모든 것을 맡겨야 합니다.

기도응답을 막는 네 가지 요소가 있습니다. 그것은 증오,

두려움, 열등감, 죄의식입니다. 아무리 열심히 기도를 한다고 해도 이 네 가지 감정에 머물러 있다면 기도응답은 오지 않습니다. 혹, 원하는 결과를 얻었다고 해도 그것은 참 응답이 아닐 수 있습니다. 우리는 종종 상대방을 미워하고 시기할 때, 응답의 문이 막히는 것을 체험한 적 있을 것입니다. 시기와 질투는 사탄이 역사하는 통로이자 성령 인도에서 멀어지는 지름길이기 때문입니다. 하나님은 항상 우리와 함께하시며 우리에게 필요한 것, 더 좋은 것으로 인도하시는 분이라는 사실을 믿어야 합니다.

기도응답의 확신

요한계시록 8장 3절에서 5절을 보면, 하나님 자녀가 기도할 때 천사들이 금향로에 기도를 담아 하나님께 가져간다고 나옵니다. 이처럼 하나님은 우리의 기도제목을 하나도 빠뜨림 없이 모두 듣고 계십니다. 쉬지 말고 기도하라는 것이 바로 그런 이유입니다. 그런데 간혹 기도를 많이 하는 사람 같은데도 응답이 잘 오지 않고, 반면 기도를 하지 않은 것 같은데도 축복을 받는 사람을 볼 수 있습니다. 이것은 하나님이 응답하시는 때가 사람마다 다르기 때문입니다. 또는 기도제목이 하나님의 뜻보다 자신의 생각과 동기가 우선한 것일 수도 있고, 믿음보다 사람을 의식한 것일 수도 있기 때문입니다. 가장 좋은 기도의 자세는 히스기야왕처럼 모든 조건을 없애고 하나님 앞에 전심으로 엎드려 기도하는 것입니다.

사죄의 확신

용서를 받았다는 것은 우리의 죄와 저주를 예수님이 이미 십자가에서 못 박으셨다는 것을 말합니다. 어떤 죄라도 진정으로 깨닫고 그 죄에서 떠나면 예수님이 그 죄를 완전히 백지화시키십니다. 요한일서 1장 9절의 말씀처럼 우리의 죄를 자백하면 예수님이 우리의 죄를 사하시며 모든 불의에서 우리를 깨끗하게 하십니다. 그렇기에 우리는 자꾸 죄의식을 느낄 필요가 없습니다.

승리의 확신

때로는 하나님 자녀에게도 어려움이 옵니다. 그러나 교회사를 보면, 어려움 뒤에는 하나님의 놀라운 기적과 우리의 생각을 초월하는 축복이 숨겨져 있을 때가 많았습니다. 네로 황제의 경우, 예수님을 믿는 사람을 잡아 화형을 시키기도 했고 도미시안 황제는 로마 군인으로부터 예수를 믿지 않겠다는 서약을 받아내려고 했습니다. 그러나 이런 모진 핍박에도 신자들을 굴하지 않았고 믿음으로 더 강해졌습니다. 그 결과 A.D. 313년 콘스탄티누스 황제 때, 로마가 복음 앞에 완전히 무릎을 꿇은 사건을 맞이하게 됩니다. 기독교는 로마의 국교가 되는 승리를 거두었습니다.

증인들의 이야기 다섯.

겁쟁이와 의심쟁이

"끝으로 너희가 주 안에서와 그 힘의 능력으로 강건하여지고

마귀의 간계를 능히 대적하기 위하여 하나님의 전신 갑주를 입으라

우리의 씨름은 혈과 육을 상대하는 것이 아니요 통치자들과 권세들과

이 어둠의 세상 주관자들과 하늘에 있는 악의 영들을 상대함이라

그러므로 하나님의 전신 갑주를 취하라 이는 악한 날에 너희가 능히

대적하고 모든 일을 행한 후에 서기 위함이라"에베소서 6:10~13

다음은 존 번연John Bunyan의 〈천로역정〉The Pilgrim's Progress

내용 중 일부입니다.

어떤 크리스천이 천성을 향해 가다가 한 곳에 이르렀더니

또 다른 두 사람이 혼비백산하며 그에게 달려왔습니다. 그들

의 이름은 겁쟁이와 의심쟁이였습니다. 그들이 크리스천에게

물었습니다.

"당신은 어디로 가시요?"

"나는 천성에 가는 길이요."

"그래요? 우리도 천성을 가던 사람인데 가다가 되돌아왔습니다. 조금만 더 가면 큰 길이 있는데, 그 길 양쪽에 무서운 사자가 잡아먹으려고 으르렁대고 있습니다. 그래서 우리는 되돌아왔습니다. 당신도 틀림없이 잡혀 먹을 것이니 우리와 같이 되돌아갑시다."

그때, 크리스천은 이렇게 말하고 계속 갔습니다.

"나는 죽더라도 가다가 죽지 뒤돌아서지 않습니다."

아닌 게 아니라, 큰 길이 앞에 있는데 사자 두 마리가 양쪽에서 금방이라도 잡아먹을 듯이 으르렁거리고 있었습니다. 순간 크리스천은 무서워서 주춤했습니다. 그때 문지기가 소리를 질렀습니다.

"그렇게도 용기가 없습니까? 사자들은 사슬에 묶여 있어요. 그러니 하나도 무서워할 것 없습니다."

크리스천은 처음에는 무서워서 주춤했지만 하나님이 함께 하시는 것을 믿고, 좌로나 우로나 치우치지 않고 똑바로 걸어 갔습니다. 길 양쪽에 묶여 있는 사자들은 덤벼들지 못했습니다.

이 이야기는 우리에게 큰 교훈을 줍니다. 우리가 천성을 향해 나아갈 때에 사탄, 마귀는 환경과 사람을 통해서 불신앙을 주기도 하고 온갖 유혹으로 죄에 빠져들게 합니다. 그러나 믿음을 굳게 하여 영적 싸움을 하는 성도는 반드시 승리하게 돼 있습니다. 사탄은 이미 예수 그리스도 이름으로 하여금 그 권세가 결박되었기 때문입니다. 사탄이 유일하게 겁을 먹고 무서워하는 것이 있는데 그것은 바로 예수 그리스도 이름입니다. 그러나 이 사실을 모르는 불신자, 또는 알지만 예수 그리스도의 권세를 사용하지 못하는 일부 성도가 속임을 당할 뿐입니다. 하나님은 성도를 구원하셨고 승리하는 길을 준비하셨습니다. 그렇다면 성도가 승리하기 위한 싸움은 무엇이며 또 어떻게 무장해야 할까요?

우리의 싸움 대상을 알아야 합니다

우리는 왜 하나님의 전신 갑주로 무장해야 할까요? 우리는 지금 영적 싸움 중에 있기 때문입니다. 지금도 원수는 온갖 간계로 우리 인생을 시험하고 있습니다. 그렇기에 우리는 하나님의 전신 갑주로 영적 무장을 해야 합니다. 그렇다면 우리의 원수는 누구일까요? 성경은 크게 세 가지로 설명합니다.

첫째, 우리의 원수는 세상입니다.^{야고보서 4:4} 세상은 지금도 온갖 죄악을 통해 성도를 유혹하고 있습니다. 그러나 세상 역시 구원의 대상이기에 그것을 두고 기도해야지 빠져들어서는 안 됩니다.

둘째, 우리의 원수는 육체의 소욕입니다. 갈라디아서 5장 17절을 보면, 육체의 소욕은 성령을 거스르고 성령은 육체를 거스른다고 말합니다. 예수님은 사람의 마음에서 나오는 12가지의 악한 생각이 사람을 더럽게 한다고 말씀하셨습니다. 그것은 곧 음란, 도둑질, 살인, 간음, 탐욕, 악독, 속임, 음탕, 질투, 비방, 교만, 우매함을 말합니다. 또, 육체의 일로는 호색과 우상숭배, 분쟁과 시기, 분을 내고 당을 짓는 것, 이단과 투기, 술 취함과 방탕함 등이 포함됩니다. 바울은 사람이 이런 상태에 계속 빠져있으면 하나님 나라를 진정으로 누릴 수 없고, 또 복음을 전달할 수 없다고 말했습니다.

셋째, 우리의 원수는 사탄과 마귀입니다. 사탄의 존재는 창세기 3장, 6장, 11장에서 잘 드러납니다. 사탄은 크게 문화와 경제 분야에 파고들어 불신자들을 장악했습니다. 통치자의 권세, 하늘에 있는 악의 영들을 이용하며 사람 사이를 이간하고 하나님을 대적하게 만들었습니다. 베드로전서 5장 8절에 따르면 우리의 대적 마귀는 지금도 우는 사자처럼 두루 다니며 삼킬 자를 찾고 있다고 나옵니다. 마귀는 본래 하나님을 찬양하는 천사였는데 타락한 것입니다. 마귀는 광명의 천사로 가장하여 사람들을 속이고, 심지어 예수님을 시험하기도 했습니다. 그러나 예수님은 마귀의 악한 시험에 속지 않고 하나님 말씀으로 인내하며 끝내는 이겨냈습니다. 우리 역시 하나님 말씀을 전신 갑주로 삼아 사탄과 마귀의 이간질을 넘어서야 합니다.

그렇다면 우리는 어떻게
원수에 대항해야 할까요?

　이 세대를 본받지 말고 오직 마음을 새롭게 함으로 변화를
받아 하나님의 뜻을 분별해야 합니다.로마서 12:2 육신의 소욕을
따르지 말고 성령을 따라 행하면 됩니다.갈라디아서 5:16 하나님
께 순복하고 마귀를 대적하면 마귀가 우리를 피해갑니다.야고

보서 4:7

사탄과 마귀는 우리를 잘 알기에 우리는 항상 무장하며 대비해야 합니다. 어떤 무장이 필수일까요?

우리는 일곱 가지 무장을 해야 합니다.에베소서 6:14~17

첫째, 구원의 투구를 써야 합니다. 이것은 신자가 가질 구원의 지식, 확신, 감격을 의미합니다. 성도는 구원의 가치를 정확히 알고 있어야 하며 구원의 확신과 감격으로 충만해야 합니다.

둘째, 의의 호심경갑옷, 방패을 붙여야 합니다. 이것은 십자가에서 흘리신 예수 그리스도의 보혈로 말미암아 얻게 된 의를 뜻합니다. 우리는 우리에게 의를 선물하기 위해 보여주신 예수 그리스도의 십자가 사랑과 능력에 대한 뜨거운 감사를 갖고 있어야 합니다.

셋째, 성도는 진리의 띠를 둘러야 합니다. 이것은 성도의 힘과 능력의 원천인 진리의 약속을 의미합니다. 우리는 진리의 약속을 굳게 붙잡아야 합니다.

넷째, 평안의 신을 신어야 합니다. 이것은 성도가 항상 어디를 가든지 복음을 전할 준비를 해야 한다는 것을 의미합니다.

다섯째, 믿음의 방패를 가져야 합니다. 마귀는 지금도 성도를 향하여 불화살을 쏘고 있습니다. 성도는 믿음의 방패를 가지고 능히 악한 자의 모든 불화살을 소멸해야 합니다.

여섯째, 성령의 검, 곧 하나님의 말씀을 지녀야 합니다. 말씀으로 충만해지면 육신의 소욕과 세상 유혹을 이기며, 사탄의 시험을 이기게 됩니다. 예수님도 말씀으로 마귀의 시험을 물리치셨습니다.

일곱째, 늘 성령 안에서 깨어 기도해야 합니다. 전시에 아무리 군인이 무장을 잘해도 잠을 자고 있다면 꼼짝없이 적에게 당하게 됩니다. 마찬가지로 영적 싸움을 할 때에는 항상 깨어 있어 기도해야 합니다. 아울러 우리가 전도자들을 위해 항상 깨어 기도한다면 그들에게 영적인 힘이 전달되어 더 담대히 복음이 전파될 수 있습니다. 기도는 곧 최전방을 향한 지원 사격과도 같습니다.

신앙생활은 영적 전쟁입니다. 모든 그리스도인은 하나님 나라의 군사입니다. 그러므로 우리는 군사로 모집하신 분을 기쁘게 해드려야 합니다. 또 우리의 모든 것은 하나님의 주권 아래에 있다는 것을 잊어서도 안 됩니다. 사탄, 마귀의 어떤 공격이 이어져도 우리는 하나님의 전신 갑주로 무장하여 영적 전쟁의 승리자가 되어야 합니다. 그리스도인은 예수 그리스도 이름으로 모든 것을 이길 수 있습니다.로마서 8:37~39

가슴에 피어나는 생명

"그런즉 누구든지 그리스도 안에 있으면 새로운 피조물이라
이전 것은 지나갔으니 보라 새것이 되었도다"고린도후서 5:17

한 소년이 있었습니다. 그의 외할머니는 많은 제자를 거느
린 무당이었고, 친할머니는 마을에 있는 절에 찾아가 열심히
불공을 드리는 불교신자였습니다. 그리고 아버지는 주말마다
소년을 절에 데리고 갔고, 그의 어머니는 아들의 복을 빌기 위
해 마을에 사는 무당에게 그를 수양아들로 맡겼습니다. 이런
배경 속에서 자란 소년의 삶은 흑암과 공허, 혼돈 그 자체였습
니다. 소년은 밤마다 가위에 눌렸고 몽유병을 앓았습니다. 이
로 인해 대인공포증과 우울증에 시달렸습니다. 게다가 언어
장애까지 나타나 친구들과 대화하는 것조차 힘들었습니다.
소년은 자신의 삶이 두렵고 싫었습니다. 삶의 의욕도, 존재가

치도 잃었습니다. 그저 드넓은 바다 속에 외로이 서 있는 섬 처럼 넓은 세상 속에 혼자라는 느낌으로 살아왔습니다. 그러다 중학교 시절, 그의 마음에는 하나님을 만나고 싶다는 은혜가 임했습니다. 어릴 때부터 신앙심이 좋았던 누나를 따라 가끔 교회에 갔던 그는 겨울 어느 날 밤, 지하에 있는 교회에 몰래 들어가 하나님께 기도했습니다. 소년은 펑펑 눈물을 쏟으며 기도했습니다.

"하나님! 저 좀 살려주세요. 죽고 싶어 미치겠는데 용기가 안나요. 저도 행복하게 살고 싶어요. 제발 살려주세요. 그리고 저의 어눌한 말투 좀 고쳐주세요. 이 말투 때문에 사람 만나는 게 너무 두렵고 싫어요. 만약 제 문제를 치유해주신다면 오로지 하나님을 위해 살겠습니다."

어느덧 세월이 흘러 소년은 청년이 되었습니다. 국가의 부름을 받고 군에도 입대했습니다. 그런데 그가 입대한지 8개월이 됐을 무렵, 안타까운 소식이 날아왔습니다. 그의 아버지가 급성 암으로 돌아가셨고, 그의 어머니는 희귀병에 걸려 5년밖에 살 수 없다는 진단이 나온 것입니다. 비보를 접한 순간, 청년은 자신도 더는 살고 싶지 않다는 생각에 사로잡혔습니다.

"하나님! 빨리 저 좀 불러가 주세요. 더는 버틸 힘이 없어요."

하지만 위기는 그의 가정에 찾아온 기회였습니다. 아버지의 죽음, 어머니의 병환이라는 사건을 통해서 온 가족은 예수님을 영접하게 되었습니다. 제대 후 청년은 저와의 만남을 계기로 복음을 듣고 예수 그리스도를 구주로 영접하여 새로운 생명을 얻었습니다. 그 순간 그는 답답했던 숨통이 트이는 것을 느꼈다고 했습니다. 무엇보다 일단 자신의 영혼이 살았고 인생을 살 이유가 생겼으며, 하나님이 자신과 함께하신다는 말씀 때문에 기쁘고 행복하다고 했습니다.

복음을 받은 이후로 지금까지 그에게는 많은 변화가 일어났습니다. 하나님의 은혜로 어머니는 병이 나아 복음을 위해 헌신하는 권사가 되었고, 나머지 가족 역시 복음을 전하는 사명자로 거듭났습니다. 청년에게는 여전히 부족한 부분이 많고 치유가 덜 된 상처도 남아있지만 그는 늘 이렇게 고백합니다.

"이제 저는 주님을 떠날 수 없습니다. 주님의 말씀을 떠날 수 없습니다. 전도에 모든 것을 걸 수밖에 없습니다. 왜냐하면 저는 주님의 크신 사랑을 받았으니까요."

청년의 가슴속에는 작은 소망이 있습니다.

"지금도 세상에는 저 같은 사람이 너무나 많습니다. 그들에게 복음이 절실하게 필요합니다. 예수 그리스도 이름으로 생명을 살리는 일에 저의 삶 전부를 드리고 싶습니다. 이것이 가장 값진 일이라 생각합니다."

새 생명을 갖게 되면 변하는 것이 세 가지 있습니다

먼저, 영의 상태가 변합니다. 사탄, 마귀 자녀에서 하나님 자녀로 그 신분이 바뀝니다.요한복음 8:44 → 요한일서 3:2 그 다음 혼마음의 상태가 변합니다. 죄의 종에서 하나님의 종으로 바뀝니다.로마서 6:17 → 로마서 6:22 또, 생활육신 상태가 변합니다. 악령 인도를 받아 세상풍속을 따라가던 삶에서 성령 인도를 받아 세상을 변화시키는 삶으로 바뀌게 됩니다.에베소서 2:2 → 갈라디아서 5:18

이 생명이 어떻게 주어졌을까요?

　생명은 하나님이 우리를 사랑하신 것에서부터 시작되었습니다. 하나님은 그 어떤 대가를 바라지 않으시고 오직 믿음으로 우리를 구원해주셨습니다. 우리의 새 생명은 행위에서 난 것이 아니라 하나님이 주신 선물입니다. 하나님의 은혜를 입은 사람은 예수님이 자신을 위해 십자가에서 죽으시고 부활하셨다는 사실이 믿어집니다. 그래서 이 사실을 마음으로 믿고 입으로 시인하면 구원을 받습니다. 구원은 육으로 나는 것이 아니라 영으로 거듭나는 것입니다. 유대인으로 태어났다고 해서 바로 하나님의 백성이 되는 것이 아닌 것처럼 말입니다. 우리는 처음 세상에 태어나면서 사람의 가족이 되었지만 다시 태어남거듭남으로 하나님의 가족이 됩니다. 성경에 나오는 유대인의 관원 니고데모와 예수님과의 대화는 거듭남에 대한 이해를 돕습니다.

니고데모가 예수님께 말했습니다.

"우리는 당신이 하나님께로서 오신 선생인줄 아나이다. 하나님이 함께하시지 아니하시면 당신의 행하시는 이 표적을 아무라도 할 수 없음이니이다."

예수께서 대답하시기를

"진실로 진실로 네게 이르노니 사람이 거듭나지 아니하면 하나님 나라를 볼 수 없느니라."

니고데모는 이 말씀을 육신적으로 깨달았습니다.

"주님, 내 나이가 몇인데 다시 태어난다는 말씀입니까?"

예수님께서는

"내가 땅의 일을 말하여도 네가 못 알아듣거늘 하물며 하늘의 일을 말하는데 네가 알아듣겠느냐? 네가 만일 어머니 뱃

속에 다시 들어갔다 나온다고 한들 그것이 육이 아니냐? 이스라엘의 선생이 되어 이 일을 못 알아듣는다는 말이냐? 물과 성령으로 나지 아니하면 하나님 나라를 볼 수 없느니라."

생명을 가진 자는 어떻게 성장할까요?

니고데모와 예수님의 대화를 통해 사람이 성령으로 거듭나지 않으면 하나님 나라를 볼 수 없다는 것을 확인할 수 있었습니다. 사람은 거듭나야 깨어진 하나님의 형상을 회복하여 하나님과의 교제가 회복되고, 허물과 죄로 죽었던 영혼이 살아납니다. 젖을 잘 먹는 아이가 건강하게 성장하는 것처럼 하나님 말씀을 잘 수용하고 소화하는 영혼이 성장하게 됩니다. 말씀을 통해 하나님을 만나고 누릴 때 신앙도 점점 자랍니다.

하나님은 우리에게 확실한 보증으로 말씀을 주셨습니다.

"너희가 거듭난 것은 썩어질 씨로 된 것이 아니요 썩지 아니할 씨로 된 것이니 살아 있고 항상 있는 하나님의 말씀으로 되었느니라 그러므로 모든 육체는 풀과 같고 그 모든 영광은 풀의 꽃과 같으니 풀은 마르고 꽃은 떨어지되 오직 주의 말씀은 세세토록 있도다 하였으니 너희에게 전한 복음이 곧 이 말씀이니라"

베드로전서 1장 23절에서 25절의 말씀은 곧 믿음의 증거입니다. 하나님 말씀은 영원하고 완벽하시기에 우리는 이것이 기준이 되는 인생을 살아야 합니다. 그렇지만 항상 어린 아이처럼 젖 먹여주기만을 기다려서도 안 됩니다. 영적으로 장성한 자가 되어야 합니다. 장성한 사람이 단단한 음식도 먹고 소화할 수 있는 것처럼 장성한 신앙인은 연단성숙한 믿음을 위해 하나님이 허락하신 어려움을 받아 선악을 분별할 수 있습니다. 그리하

여 예수님을 위해 고난을 받아도 이겨낼 수 있으며, 하나님이

기뻐하시는 일에 헌신하게 됩니다.

사탄숭배자에서
하나님 자녀가 되다!

"나는 세상에 더 있지 아니하오나 그들은 세상에 있사옵고 나는 아버지께로 가옵나니 거룩하신 아버지여 내게 주신 아버지의 이름으로 그들을 보전하사 우리와 같이 그들도 하나가 되게 하옵소서 내가 그들과 함께 있을 때에 내게 주신 아버지의 이름으로 그들을 보전하고 지키었나이다 그 중의 하나도 멸망하지 않고 다만 멸망의 자식뿐이오니 이는 성경을 응하게 함이니이다"요한복음 17:11~12

병원에 들렀다가 우연히 만난 청년이 있었습니다. 그는 뇌의 특정 부분이 썩어 들어가는 병을 앓고 있었습니다. 뿐만 아니라 그의 어머니는 지병으로 돌아가신 상태였고, 그의 아버지 역시 병환 중에 계셨습니다. 그의 주변에는 온통 죽음의 그림자뿐이었습니다. 저는 청년에게 이 모든 저주에서 빠져나오게 하는 복음을 전했습니다. 그러자 그는 숨겨놓았던 비밀을 털어놓기 시작했습니다.

청년은 몇 년 전, 대학에서 친구들과 한 모임을 조직했다고 했습니다. 그것은 사탄을 숭배하는 모임이었는데, 하도 일이 풀리지 않자 친구들과 함께 사탄을 숭배하는 의식을 행했다고 말했습니다. 그런데 문제가 해결되기는커녕 더 많은 문제와 사고가 발생했습니다. 그래서 더 강도가 센 의식을 하게 됐고, 그 결과 각자의 손가락에서 피를 내어 한 그릇에 모아 마시고, 몸에 뿌리며 사탄에게 기도하는 지경에 이르렀습니다. 그들 중에 누구든지 사탄을 배신하는 자가 있다면 그가 제일 먼저 죽게 될 것이라는 서약도 했습니다. 말하는 내내 청년의 얼굴에는 두려움이 가득했습니다.

저는 청년에게 사탄의 권세에서 완전히 해방받는 비밀을 말해주었습니다. 청년은 진지하게 들으며 잘 받아들였습니다. 그런데 영접기도를 하려는 순간, 청년은 사탄의 후한이 두려워 더는 못하겠다고 겁을 냈습니다. 그래서 저는 다시 성경

사탄숭배자에서 하나님 자녀가 되다!

책을 폈고, 예수님께서 이미 사탄의 권세를 결박하셨기 때문에 겁낼 필요가 없다고 말했습니다. 여전히 그의 손은 떨고 있었고, 영접기도를 따라하면서도 몇 번이나 멈추고 다시 하기를 반복했습니다. 간신히 영접을 마칠 수 있었습니다. 그러나 영접을 마치자 그의 얼굴빛은 이전과 확연히 달랐습니다. 참 평안하고 안정되어 보였습니다. 그 이후 청년은 한 달 동안 말씀양육을 받았고 수술을 위해 더 큰 병원으로 옮겨졌습니다. 떠나기 전 청년은 이렇게 고백했습니다.

"이제 저는 죽음이 두렵지 않습니다. 죽어도 괜찮습니다. 사탄에게 빼앗겼던 저의 영혼을 다시 찾았기 때문입니다. 주님이 함께하시니 정말로 평안합니다."

전 세계에 가장 큰 영향을 입히셨으며 누구보다 훌륭한 일을 많이 하신 예수 그리스도는 도대체 누구실까요? 예수님은 역사의 주인공이 되셨으며, 책 한 권도 남기지 않고 짧은 기간을 살다 가셨지만 그에 대한 책은 가장 많이 기록되었습니다. 하나님은 없다고 강력하게 주장했던 루 웰리스^{Lew Wallace}와 같은 사람은 물론 복음이 들어가는 나라와 시대마다 변화가 일어났습니다. 대체 예수님은 누구시기에 이런 능력이 나오는 것일까요?

'예수 그리스도'의 뜻

먼저 '예수'와 '그리스도'의 의미를 구분할 필요가 있습니다. 예수는 말 그대로 예수님의 이름이고 그리스도는 직분을 뜻합니다. 그리스도의 직분은 세 가지로 정의되는데 먼저, 예수님은 하나님을 만나는 길이 되시고,참 선지자 사탄의 세력을

멸하셨으며^{참 왕} 죄문제와 저주, 재앙을 해결하셨음^{참 제사장}을

말합니다.

구원

'예수 그리스도'는 먼저 '구원'을 의미합니다. 사람은 본래 하나님과 함께해야만 행복하도록 창조되었습니다. 그러나 사람이 죄를 범하여 하나님을 떠나고 말았습니다. 그렇기에 모든 사람이 죄인입니다. 성경은 세상에 "의인은 하나도 없다"로^{마서 3:10}라고 말합니다. 의인이 하나도 없는 이 세상은 멸망 중에 있는 사람으로 가득합니다. 그들은 한마디로 하나님을 떠나 영적으로 죽은 상태에 있습니다. 평생을 미신, 우상, 사주, 팔자, 운명, 제사 등 세상 풍조를 따르고 사탄과 마귀의 지배

속에서 살아갑니다. 그 결과 정신병, 마음의 병, 육신의 질병을 앓고 가정문제, 경제문제, 후대문제 등으로 고통 속에서 허덕입니다. 이렇게 비참하고 멸망 중에 빠진 사람을 살리시려고 하나님은 예수 그리스도를 통하여 구원자로 우리를 찾아오셨습니다.

임마누엘

'예수 그리스도'는 '임마누엘'을 뜻합니다. 임마누엘은 "하나님이 우리와 함께하신다"마태복음 1:23라는 뜻입니다. 예수 그리스도를 영접하면 구원을 받는 것으로만 축복이 끝나는 게 아니라 시공간을 초월하며 하나님과 함께하는 축복을 누리게 됩니다.

여호와, 하나님!

예수 그리스도는 바로 '하나님'이십니다. 하나님이 사람을 구원하는 방법은 직접 사람의 몸을 입고 이 땅에 오시는 것이었습니다. 그분이 바로 예수님이십니다. 다시 말해, 예수님이 곧 완전한 하나님이시며 완전한 사람이십니다. 그래서 우리는 예수 그리스도 이름으로 말미암아 구원을 받고 모든 저주, 재앙문제를 해결 받으며 하나님과 함께하는 '임마누엘'의 축복을 누리게 되는 것입니다.

예수 그리스도 이름을 믿으면 구원을 받습니다

　예수님을 영접하는 자 곧, 그 이름을 믿는 자들에게는 하나님 자녀가 되는 권세가 주어집니다.요한복음 1:12, 3:16 지금도 예수님은 구원 대상자에게 찾아오셔서 마음의 문을 두드리고 계십니다. 누구든지 그 음성을 듣고 마음의 문을 열면 주님께서 그 사람 안에 들어오셔서 영원히 함께하십니다. 교회에 다닌다고 구원을 받는 것이 아니라 예수님을 영접해야 구원을 받습니다. 영접이란, 예수 그리스도를 내 삶의 주인, 생활의 중심으로 모시는 것입니다. 손님이 아닌 주인으로 말입니다. 기도를 통해 예수님을 마음영혼 중심에 모시는 것입니다.

　예수 그리스도를 영접하면 놀라운 축복이 임합니다. 예수님이 성령으로 우리 안에 영원히 내주하시며 우리의 모든 삶을 인도하십니다. 예수 그리스도 이름으로 기도하면 응답을 주시고, 악한 귀신이 물러갑니다. 주께서 주의 천사를 파송하셔서 우리를 섬기게 합니다. 천국 시민권이 주어져 내세가 보장되고 복음으로 세상을 이길 수 있습니다.

이렇게 예수님을 제대로 알고, 믿고, 범사에 인정하는 전인격적인 만남이 이루어진 성도에게는 계속 응답이 오기에 만나는 사람마다 간증하게 됩니다. 혹 전도를 하다가 어려움을 당할 수도 있지만 내세에서 받는 축복은 금세의 그것과 비교할 수 없을 정도로 큽니다. 마가복음 10:29~30

"누구든지 사람 앞에서 나를 시인하면 나도 하늘에 계신 내 아버지 앞에서 그를 시인할 것이요 누구든지 사람 앞에서 나를 부인하면 나도 하늘에 계신 내 아버지 앞에서 그를 부인하리라" 마태복음 10:32~33

사탄숭배자에서 하나님 자녀가 되다!

증인들의 이야기 **여덟.**

예수님을 만나고 싶어요

"예수께서 이르시되 나는 부활이요 생명이니

나를 믿는 자는 죽어도 살겠고 무릇 살아서 나를 믿는 자는

영원히 죽지 아니하리니 이것을 네가 믿느냐"요한복음 11:25~26

생각이 아주 많은 초등학교 6학년 남학생을 만난 적이 있습니다. 처음 만나 잠깐 대화를 했는데도 마치 인생을 오래 산 어른과 이야기하는 느낌이 들었습니다. 저는 그 아이를 만날 때마다 복음을 전했습니다. 그러나 매번 아이는 예수님을 구주로 영접하기를 거부했습니다. 그런데 한 달쯤 지났을 무렵, 아이는 제게 자신의 솔직한 마음을 털어놓기 시작했습니다.

아이는 자신의 머릿속이 수많은 걱정거리로 가득 찼다고 말했습니다. 5학년 때 따돌림을 경험했는데 6학년 때도 그럴까봐 걱정이 되고, 절친한 친구를 꼭 한 명 사귀고 싶다고 말

했습니다. 또, 이런 이야기도 했습니다. 혼자서 위층에 있는 자기 방에 들어설 때면 무서워서 침대의 위치를 정확히 확인하고 재빨리 전등 스위치를 끈 다음, 침대 속으로 뛰어 들어간다는 것입니다. 참으로 어이없는 이야기 같지만 아이에게는 큰 고민이었습니다. 그야말로 하늘이 무너질까 땅이 꺼질까 염려하는 아이였습니다.

저는 하나님께 아이의 영혼구원을 두고 계속 기도하게 되었습니다. 예수 그리스도 이름의 권세로 그 아이의 생각을 사로잡는 어둠의 영이 결박당해 떠나도록 기도했습니다. 그러던 중, 아이는 갑자기 제게 예수님을 믿고 싶다고 고백했습니다. 우리는 두 손을 꼭 붙잡고 예수님을 영접하는 기도를 했습니다. 그러자 아이의 생활은 거짓말처럼 달라지기 시작했습니다. 아이는 제게 하나님의 말씀을 알고 싶어 아빠와 함께 서점에 가서 성경책을 샀다고 말했습니다. 그래서 저는 아이에게

잠자리에 들기 전에 매일 성경을 읽을 것을 권유했고, 아이는 그것을 꼬박꼬박 지켜나갔습니다. 나날이 아이의 표정은 밝아졌고 사고방식 또한 긍정적이고 복음적으로 변했습니다. 아이는 자연스레 친구도 사귀게 되었고 학업성적도 올랐습니다.

성경은 예수님의 권세에 관한 기록이 풍성합니다

예수님을 영접하는 사람 곧 그 이름을 믿는 사람에게는 하나님 자녀가 되는 권세가 주어졌습니다. 하늘과 땅의 모든 권세를 가지신 예수님은 세상 끝날까지 우리와 함께하시고 우리에게 세상을 정복할 권세를 주셨습니다. 그래서 예수 그리스도 이름으로는 불가능한 것이 없습니다.

세상의 가장 큰 문제는 죄입니다. 그런데 이 죄를 해결하신 분이 바로 예수님이십니다. 예수님만이 우리의 죄를 사하는 권세를 가지고 계십니다. 마태복음 9:6 우리가 이 땅에 살아가는 동안 우리를 가장 어렵게 만드는 악한 영의 세력을 굴복시키는 이름 또한 예수님이십니다. 혹, 주변에 정신병으로 시달리는 사람이나 귀신들린 사람이 있다면 계속해서 예수 그리스도 이름에 담긴 비밀을 말해주어야 합니다. 나아가 끊임없이 방해하는 사탄의 세력을 권세 있는 예수 그리스도 이름으로 물리치고 복음 전달을 지속해야 합니다.

예수 그리스도를 만난 사람들은 어떻게 깨달았을까요?

성경에는 예수 그리스도를 만난 후 인생이 완전히 바뀐 인물들의 고백이 나와 있습니다. 베드로는 이렇게 고백했습니다. "시몬 베드로가 대답하여 이르되 주는 그리스도시요 살아 계신 하나님의 아들이시니이다"마태복음 16:16 이 말은 예수님은 구세주시고 사람의 몸을 입고 오신 하나님이시라는 뜻입니다. 예수님을 의심하던 도마는 부활하신 예수님의 못자국과 옆구리를 확인하고 나서 "나의 주님이시요 나의 하나님이

시니이다"요한복음 20:25~28라고 고백했습니다. 예수님을 구주로 영접한 헨델의 경우, 자신이 공연하는 현장에서 '할렐루야'를 외쳤고, 그럴 때마다 성령의 충만한 은혜가 임하여 관객들로부터 기립박수를 받는 영예를 누렸습니다. 부와 명예, 성공을 거머쥐었고 그리스도인을 핍박하고 다녔던 바울은 예수님을 만나고 난 뒤, 그 이름 앞에 완전히 무릎을 꿇었고 예수님을 전적으로 신뢰했습니다. 자신이 가진 모든 것을 배설물로 여긴다고 고백할 정도였습니다. 이때부터 바울은 가는 곳마다 생명이 살아나는 역사를 체험했습니다. 심지어 예수님을 십자가에 못 박은 원수들조차도 예수님의 능력을 인정하게 됐습니다. 그들은 예수님이 돌아가신 후에 일어난 지진과 여러 사건들을 보고 "이는 진실로 하나님의 아들이었도다"마태복음 27:54라고 고백했습니다.

올바른 신앙생활은 예수님이 내 인생의 주인이 되시는 것입니다. 예수님이 내 삶의 주인이 되실 때 진짜 기도응답이 시작됩니다. 요한복음 2장 5절에서 11절을 보면, 포도주가 떨어진 집에 예수님이 손님으로 오셨을 때는 아무런 역사가 일어나지 않았습니다. 그러나 예수님을 주인으로 인정하고 모셨을 때는 물이 포도주로 변하는 기적이 일어났습니다. 이 사건은 우리의 믿음을 반성하게 만듭니다. 많은 성도가 예수님께 나의 모든 것을 맡기고 믿는다고 기도합니다. 그런데 실제로 맞이하는 응답은 거의 드뭅니다. 입으로는 예수님을 주인으로 인정하고 기도하지만 정작 중요한 일, 어려운 상황에 빠지게 되면 예수 그리스도가 아닌 내 생각, 경험, 감정에 더 의지하기 때문입니다. 물론 문제가 해결될 수도 있습니다. 그러나 사람의 능력에는 반드시 한계가 따르기에 문제가 완벽히 해결되지는 못합니다. 예수 그리스도의 능력이 아니면 우리는

형태만 다를 뿐 매번 같은 성격의 문제에서 또 넘어지게 됩니
다. 이런 연약함을 아시기에 하나님은 우리에게 예수님을 보
내주셨습니다. 우리는 새로운 무언가를 구하기 이전에 과거
와 현재의 문제, 미래의 두려움 모두를 예수님께 맡겨야 합니
다. 마태복음 11장 30절 "내 멍에는 쉽고 내 짐은 가벼움이라"
라는 말씀처럼 예수님이 주인이 되시면 모든 일은 쉽고 간단
해집니다.

하나님 말씀으로
다시 살아났습니다

"우리가 기도하는 곳에 가다가 점치는 귀신 들린 여종 하나를 만나니
점으로 그 주인들에게 큰 이익을 주는 자라 그가 바울과 우리를 따라와
소리 질러 이르되 이 사람들은 지극히 높은 하나님의 종으로서
구원의 길을 너희에게 전하는 자라 하며 이같이 여러 날을 하는지라
바울이 심히 괴로워하여 돌이켜 그 귀신에게 이르되 예수 그리스도의
이름으로 내가 네게 명하노니 그에게서 나오라 하니
귀신이 즉시 나오니라"사도행전 16:16~18

양가 모두 집에 신줏단지를 모셔놓을 정도로 우상숭배가
심한 배경에서 자란 한 여인이 있었습니다. 그녀의 할머니와
부모님은 가족 중 누군가가 아프기만 하면 귀신을 불러 고칠
정도였습니다. 그녀는 가족의 사랑을 듬뿍 받고 자랐지만 늘
우울증과 죽고 싶은 생각에 사로잡혀 하루하루가 괴로웠습니
다. 사람을 만나는 것이 싫었고 자살시도와 가출도 여러 번 반

복했습니다. 청년 시절에는 아예 집을 나가 머리를 깎고 절에 들어간 적도 있었습니다. 그런데 그녀의 귓가에는 '여기는 아니다.'라는 음성이 자꾸 들려왔습니다. 결국, 집으로 돌아와 직장생활을 이어나갔지만 그때부터는 '죽어라!'라는 환청까지 들리기 시작했습니다. 너무 괴로워서 무당을 찾아가 도움을 청해봤지만 고통은 해결되지 않았습니다. 오히려 '도대체 나는 어디서 와서 어디로 가는 것인가?'에 대한 의문이 생겨 그녀의 머릿속은 더 복잡해지기만 했습니다. 결국 그녀는 답을 찾고자 직장을 그만두고 신학교에 입학하게 됐습니다. 하지만 그녀는 신학을 공부하고 교회를 다니면서도 늘 무당을 가까이했습니다. 귀신들은 그녀를 더욱더 괴롭혔습니다.

그러던 어느 날, 마태복음 16장 16절 말씀을 통해 "예수는 그리스도, 그리스도는 사탄을 멸하신 왕, 우리의 모든 죄를 해결하신 제사장, 하나님을 만나는 길이 되시는 선지자, 예수 그리스도를 믿고 구주로 영접하면 모든 문제가 끝"이라 하는 설교말씀을 듣고, 그녀는 예수 그리스도를 구주로 영접하게 됐습니다. 그제야 그녀를 평생 따라다니며 괴롭혔던 죽음의 그림자와 귀신들이 떠나갔습니다. 그리고 더는 환청에 시달리지 않았습니다. 그러나 죽고 싶다는 생각은 여전히 그녀를 따라다녔습니다. 일주일 내내 시달린 끝에 그녀는 교회를 향했습니다. 하나님은 강단 말씀을 통해 매번 답을 주셨습니다. 예수님이 십자가에서 모든 문제를 해결하셨다는 것입니다.요한복음 19:30 하나님은 말씀을 통해 그녀의 마음을 치유하셨습니다. 그녀는 시간이 갈수록 자신이 어디서 와서 어디로 가는지 알게 되었습니다.

"중년이 된 지금까지 여덟 번의 자살시도를 했습니다. 때로는 수면제를 먹고 물속에 뛰어들거나 목을 매기도 했고 자동차 사고를 내기도 했으며 동맥을 끊으려고까지 했습니다.

정말이지 행복을 전혀 느껴보지 못하는 반평생을 살았습니다. 복음을 알고 이제야 서서히 치유되어 갑니다. 그리스도의 관점으로 성경을 보니 한 문장 한 문장이 살아 움직이면서 내 마음속에 들어옵니다. 성경 66권이 모두 저를 향한 하나님의 러브레터로 받아들여집니다. 하나님 말씀이 제 영혼과 정신을 치유했습니다. 이제야 조금씩 대인관계가 원활해짐을 느낍니다."

그 후, 그녀는 성경에서 말하는 전도에 모든 인생을 담았습니다. 사탄에게 속아서 행복을 잃어버리고 비참하게 살아가는 사람들을 그 고통으로부터 건져내는 것이 그녀의 사명이 되었습니다.

사람에게는 기술이나 약물의 힘으로 고칠 수 없는 질병이 많이 있습니다. 건강했던 사람이 갑자기 불치병 또는 병명이

밝혀지지 않은 병에 걸리게 되면 무기력함에 빠져 자포자기 하게 되고 평생 병을 짊어지고 살아야하는 고통을 겪게 됩니다. 성경에도 이와 같이 다양한 질병에 시달리는 사람들이 나옵니다. 수리아의 귀신들린 간질병자, 문둥병자, 소경 바디매오, 눈이 멀고 벙어리가 된 자, 두로와 시돈의 흉악한 귀신들린 자, 성전의 앉은뱅이, 혈루증 여인, 빌립보의 정신이상자 등이 있습니다. 이러한 병들은 모두 영적인 것에 원인이 있어, 예수 그리스도를 영접하여 구원받지 않으면 치유가 불가능합니다. 다른 방법을 통해 치유가 됐다 하더라도 그것의 효과는 잠시일 뿐, 점점 더 악화될 가능성이 큽니다. 그렇다면 예수님은 이들을 어떻게 치유하셨을까요? 성경에는 질병이 오게 된 원인과 배경, 그리고 치유의 순서방법가 나옵니다.

질병이 인간에게 오게 된 시기와 이유는 무엇일까요?

창세기 3장 1절에서 19절에 기록되어 있습니다. 처음 사람 아담과 하와가 에덴동산에서 뱀의 말을 듣고 하나님 말씀에 불순종하는 죄를 지은 이후로 고통과 질병, 죽음이 찾아오게 되었습니다. 사람의 죄 때문에 땅까지 저주를 받은 것입니다. 그러나 죄를 끊고 기도하면 질병에서 해방받을 수 있습니다. 즉, 복음을 알고 누리면 놀라운 치료 효과를 체험하고 고통에서 자유하게 되는 것입니다.

한편, 바울처럼 하나님의 뜻이 있는 병도 있습니다. 하나님은 바울이 오직 예수 그리스도 능력에만 의지하도록 질병이라는 연약함을 허락하셨습니다. 바울은 하나님의 뜻 가운데 자신에게 와 있는 질병을 가리켜 '사탄의 사자'라고 말했습니

다. 고린도후서 12:7

정신병과 영혼의 병은
사탄과 미혹의 영 때문입니다

질병은 개인의 잘못된 습관과 비위생적인 환경 등으로 인해 일시적으로 발생하는 것도 있지만 정신병과 영혼의 병은 사탄과 미혹의 영이 원인으로 작용합니다. 그렇기에 이러한 질병은 성령의 능력이 아니고서는 치유와 회복이 힘듭니다. 특히나, 요즘같은 세상에는 육신의 병보다 영적인 병으로 시달리는 사람이 더 많습니다. 그래서 이상한 단체에 빠지기도 하고 점쟁이나 무당을 찾아가기도 합니다. 이제는 너무나 익숙한 문화로 자리 잡은 타로 카페의 경우, 염려와 불안증에 시달리는 현대인들이 그만큼 많다는 것을 보여주기도 합니다.

마음의 병은 악령의 활동이므로 본인의 힘으로 극복하기 불가능하며 환경에 따라 다소 차이가 있습니다. 좌절, 낙심, 실망, 절망 등이 마음에 깊은 상처로 남게 되면 그곳에 사탄이 역사하게 됩니다. 재난을 가져다주고 불화와 실패를 본격적으로 가져다주는 악령이 움직이기 시작하면 피할 길이 없습니다. 악한 영은 사람의 마음을 이간질하여 불화를 조장하고 전쟁도 일으킵니다. 사탄은 사람들의 마음을 도적질하고 강도질하는 존재이기에 계속 갈등과 실패를 조장합니다. 또한, 사탄을 섬기고 우상숭배, 제사 미혹의 영에 깊이 사로잡히게 되면 자신은 물론 가족 전체에도 부정적인 영향을 끼칩니다. 출애굽기 20장 4절에서 5절 말씀대로 자녀의 삼사 대까지 무서운 재앙을 겪게 됩니다. 고린도전서 10장 20절에서는 제사는 곧 귀신을 섬기는 것이라고 말합니다.

하나님 말씀으로 다시 살아났습니다

영적치유가 가장 먼저입니다

질병을 가진 자를 치유하기 위해서는 가장 우선적으로 그리스도를 정확하게 설명선포해주고 영접시켜야 합니다. 영접은 '굳게 붙든다, 취한다.' 라는 뜻으로, 그리스도를 굳게 붙들기 위해서는 복음을 정확하게 증거해야 합니다. 여기서 정확한 복음이란, 앞에서도 계속 설명했듯이 그리스도의 능력 세 가지참 선지자, 참 왕, 참 제사장를 선포하는 것입니다. 사도행전 8장 5절에서 8절을 보면, 그리스도를 영접하는 순간 사마리아 사람들을 붙잡고 있던 영적문제가 즉시 해결되는 기적이 나옵니다.

예수 그리스도 이름으로 기도하면 치료됩니다

　　예수 그리스도를 영접하고 기도하면 근본문제원죄가 해결됩니다. 질병의 뿌리인 죄가 해결되므로 자연스럽게 질병이 치유되는 것입니다. 병의 배후 세력인 사탄과 귀신이 떠나기 때문에 고통스러웠던 영과 정신 상태에서 자유로워집니다. 또 예수님은 십자가 위에서 우리의 모든 죄와 허물, 질병, 연약함까지 담당하시며 "다 이루었다."라고 말씀하셨습니다. 그렇기에 질병의 치유는 물론, 질병을 통한 하나님의 더 큰 계획을 확인하는 기회도 될 수 있습니다.

하나님 말씀으로 다시 살아났습니다

예수님의 권능을 체험하다

"예수께서 산에서 내려오시니 수많은 무리가 따르니라

한 나병환자가 나아와 절하며 이르되 주여 원하시면

저를 깨끗하게 하실 수 있나이다 하거늘

예수께서 손을 내밀어 그에게 대시며 이르시되 내가 원하노니

깨끗함을 받으라 하시니 즉시 그의 나병이 깨끗하여진지라

예수께서 이르시되 삼가 아무에게도 이르지 말고 다만 가서

제사장에게 네 몸을 보이고 모세가 명한 예물을 드려

그들에게 입증하라 하시니라"마태복음 8:1~4

악성피부병으로 고통당하는 한 여인이 있었습니다. 그녀는 밤만 되면 온몸이 가려워서 도저히 견딜 수가 없었습니다. 병원에 가도 마땅한 해결책은 없었습니다. 약을 복용하면 반점이 줄어들다가도 약기운이 떨어지면 곧 도졌습니다. 결국, 약의 부작용으로 몸무게만 늘어갔고 신체리듬에도 문제가 생

겼습니다. 그녀는 너무 힘들어서 날마다 죽고 싶은 심정이었습니다. 고통스러워하는 그녀에게 목사인 남편이 말했습니다.

"기도합시다. 우리 하나님께 정말 기도합시다. 성경에 이렇게 많은 치유와 기적의 역사가 있는데 당신의 피부병 하나 낫지 않겠어요?"

그 후로 부부는 하나님께 간절히 기도했습니다. 그러던 어느 날, 실제로 기도응답이 왔습니다. 3년을 앓아온 여인의 악성피부병이 깨끗하게 치료되었습니다. 여인은 지금도 그때 일을 되새길 때면 눈물이 흐릅니다. 지난날의 고통 때문이 아니라, 그 고통 가운데서 자신을 치유하신 하나님의 은혜에 대한 감사 때문입니다. 예수님의 권능을 체험한 그녀는 지금, 남편과 함께 많은 사람을 살리는 전도자로 살아가고 있습니다.

예수님의 권능을 체험하다

예수님이 사역할 당시, 중동지역에서의 나병^{한센병}은 불치병이었습니다. 그러나 전능하신 하나님의 아들 예수 그리스도를 만나면, 병은 깨끗하게 나았습니다. 이것은 어떠한 문제를 맞닥뜨려도 예수 그리스도를 만나면 해결된다는 것을 보여줍니다.

예수님을 만날 기회를 놓치지 말아야 합니다 마태복음 8:1

수많은 무리 가운데 한 나병환자가 예수님께 다가왔습니다. 그는 예수님을 만날 기회를 놓칠 수 없었습니다. 군중의 시선도 문제가 되지 않았습니다. 진정으로 예수님을 만나지 못하면 은혜를 받을 기회를 놓치기 때문입니다. 은혜를 받는 것에도 분명 때가 있습니다. 지금, 은혜의 자리로 나아가야 합니다. 그러나 사탄은 군중이나 성도, 율법, 교회 등을 이용하여 은혜의 기회를 놓치게 합니다. 나아만 장군의 경우, 체면 때문에 나병을 못 고칠 뻔했습니다. 명예나 자리, 이익을 계산하면 하나님의 은혜를 체험하기 어렵습니다.

확고하고 간절한 믿음이 있어야 합니다 마태복음 8:2

예수님의 권능을 체험하려면 주님을 전적으로 믿고 생명을 건 신앙이 필요합니다. 당시, 나병은 전염병으로 알려졌습니다. 제사장이 정밀하게 진단을 한 후에 나병으로 판명되면 즉시 가족과 그가 살던 공동체에서 격리되었습니다. 병이 낫지 않으면 그는 죽을 때까지 마을 밖에서 혼자 살아가야만 했습니다. 그래서 나병환자가 정상인들이 사는 동네로 들어오면 돌에 맞아 죽기도 했습니다. 그런데 한 나병환자가 돌에 맞아 죽을 각오를 하고 예수님에게 나아왔습니다. 그 나병환자는 예수님에게 다가가 절을 했습니다. 이것은 완전한 신뢰와 경배의 모습입니다. 즉, 오직 주님만 경배하겠다는 표시입니다. 그는 예수님께 다가가 이렇게 간구했습니다.

"주여 원하시면 저를 깨끗하게 하실 수 있나이다."

이처럼 주님은 '생명을 건 신앙'에 역사하십니다. 다시 말해 우리의 믿음만큼 역사하십니다.

나병환자는 하나님의 뜻을 먼저 구하는 간절한 기도의 모습을 보였습니다. 즉, 자기의 뜻을 먼저 구하는 것이 아니라 주님의 뜻을 먼저 구한 것입니다. 우리는 기도할 때 우리의 생각, 경험, 지식, 판단, 고집, 선입견 등을 버려야 합니다. 이것들은 하나님의 뜻을 막는 방해요소가 될 수도 있기 때문입니다. 하나님의 뜻을 놓친 기도는 응답을 받을 수 없습니다.

나아가 나병환자는 응답이 올 것이라는 확신도 있었습니다. 예수님은 반드시 자신을 깨끗하게 치료하실 것이라는 확신 말입니다. 이처럼 우리의 기도가 하나님의 뜻과 맞다면 반드시 응답을 맞이하게 됩니다.

주님을 만나면 모든 것이 해결됩니다 마태복음 8:3

예수님은 손을 내밀어 그 환자에게 대시며 "내가 원하노니 깨끗함을 받아라."라고 말씀하셨습니다. 사실 나병환자가 주

님께 다가오는 일이나 주님이 그에게 손을 대서 접촉하는 일
은 율법에 어긋나는 일이었습니다. 그러나 주님은 긍휼과 사
랑의 법을 더 앞세우셨기 때문에 그 환자에게 기꺼이 손을 대
셨습니다. 그리고 그 환자를 질병으로부터 해방해주셨습니
다. 주님은 불치병도 말씀 한마디로 완벽하게 고치시는 전능
하신 하나님이십니다.

능력과 축복을
계속 체험해야 합니다 마태복음 8:4

주님은 나병환자를 고치시고 나서 "아무에게도 말하지 마
라."라고 지시하셨습니다. 주님은 이 일로 복음 전파 사역에
지장 받는 것을 원하지 않으셨기 때문입니다. 그리고 주님은

율법에 명한 규례를 따라 정결하게 된 것을 증거하라고 지시하셨습니다. 율법에는 나병에 걸렸다가 나은 사람은 다음과 같은 절차를 거쳐서 집으로 돌아갈 수 있도록 규정하고 있습니다.

먼저, 제사장에게 가서 자기가 나은 것을 알리고 제사장의 진단을 받아야 합니다. 그 다음 제사장이 보기에 나은 것이 분명하다고 판단되면 그의 몸을 정결하게 하고 규정된 예물을 드리게 하여 정결 예식을 행하게 했습니다. 이어서 감사와 헌신의 제사를 드리고, 이 모든 예식이 정상적으로 마치면 제사장은 그 사람이 정결하게 되었다고 선언했습니다. 마지막으로 이 모든 절차를 마치면 그는 비로소 가족에게 돌아갈 수 있었습니다. 주님은 이러한 절차를 거쳐서 가족에게 돌아가라고 명하신 것입니다. 레위기 14:2~32

영적 사실을 명심해야 합니다 마태복음 8:14~17

치유의 축복, 사죄의 축복, 평안의 축복은 구약에 이미 예언되었습니다. 주님 안에 치료, 사죄, 평안의 능력이 있습니다. 주님은 우리의 연약한 것을 친히 담당하시고 우리의 병을 짊어지셨습니다. 그가 찔림은 우리의 허물 때문이고 그가 상함은 우리의 죄악 때문입니다. 그가 징계를 받음으로 우리가 평화를 누리고 그가 채찍에 맞음으로 우리가 나음을 입었습니다. 그런데 꼭 명심해야 할 사실이 있습니다. 예수 그리스도를 통한 놀라운 영적인 사실을 모르도록 막는 세력, 바로 사탄입니다. 우리는 항상 이 사탄의 세력을 예수 그리스도 이름으로 결박시키고 쫓아내야 합니다. 이것은 하나님 자녀에게 주어진 특권이자 권세입니다. 우리 안에 이미 와 계시는 성령 하나님을 의지하여 예수 그리스도 이름을 명하면 사탄은 굴복

하게 됩니다. 모든 성도는 이 권세를 사용하여 예수님의 권능

을 체험할 수 있습니다.

증인들의 이야기 **열하나.**

어리석은 믿음

"내가 받은 것을 먼저 너희에게 전하였노니

이는 성경대로 그리스도께서 우리 죄를 위하여 죽으시고 장사 지낸 바

되셨다가 성경대로 사흘 만에 다시 살아나사"고린도전서 15:3~4

영국의 한 젊은 저널리스트 프랭크 모리스Frank Morriss는 사람들이 예수 그리스도 생애의 마지막 며칠에 대해 지나치게 어리석은 믿음을 가지고 있다고 생각했습니다. 그래서 그는 부활을 비롯한 이 시기의 사건들이 한낱 신화에 지나지 않는다는 것을 밝히기 위한 추적을 시작했습니다. 그러나 그가 집요한 탐색 끝에 써낸 책은 처음의 목적과는 전혀 다른 책이었습니다. 바로 그 책이 〈Who moved the stone?〉누가 돌을 옮겼는가?라는 유명한 책입니다. 부활의 허구성이 아닌 진실성을 입증하는 책을 쓴 것입니다. 이런 시작으로 이 책은 부활 사건에

관한 고전적인 변증서가 되었습니다. 천재 학자 파스칼이 말하기를

"만일 예수의 제자들이 서로 의논해서 예수의 부활을 거짓으로 만들어 냈다고 가정해보자. 그 중 한사람이라도 본심에 돌아갔더라면 예수의 부활이란 전부 붕괴되었을 것이다. 그러나 저들이 순교를 하면서까지 입증한 부활의 진실성을 믿지 않는다면 우리는 벌써 그런 사람과는 말할 필요조차 없다." 라고 했습니다. 다음은 프랑스의 실증주의 철학자 콩트Auguste Comte, 1798~1857와 영국의 신실한 시인 칼라일Thomas Carlyle, 1795~1881이 만나 대화한 내용입니다. 콩트가 말했습니다.

"나는 그리스도교를 대신할 완전한 종교를 창설하려 합니다. 모든 신비를 배제할 것이기 때문에 그 내용은 구구법과 같이 분명한 것이 될 것입니다."

그러자 칼라일이 대답했습니다.

"매우 좋은 생각입니다. 그런데 그 전에 당신이 할 일이 있습니다. 당신은 과거에 아무도 하지 않았던 말을 하고 보통 사람보다 특이한 생활을 하다가 십자가형을 받고 죽은 후 사흘 만에 다시 살아나서 전 세계 사람으로 하여금, 당신이 살아 있다는 것을 믿게 하셔야 합니다. 그렇게 한다면 당신의 새 종교는 비로소 생명을 얻게 되고 그 생명을 유지할 수 있을 것입니다."

예수님에 대해서 잘 모르면 부활을 믿을 수가 없습니다. 우리는 성경을 통해 예수님이 누구신지 바르게 이해해야 합니다. 예수님은 육신을 입고 오신 하나님이십니다. 여자의 후손 즉, 죄 없는 몸으로 이 땅에 오셨습니다. 그러므로 예수님의 이름은 곧 하나님의 이름입니다. 누구든지 그 이름을 믿는 자들은 구원을 받습니다. 이 위대하신 주 예수 그리스도 이름을 부르면 바로 여호와의 이름을 부르는 것이고, 그 이름을 부를 때 사탄 권세는 깨집니다.

처음에는 아무도 예수 그리스도의 부활을 믿지 않았습니다

예수님의 제자들은 모두 예수님을 배반하고 도망갔습니다. 은혜를 입었던 성도도 역시 원래의 자리 곧, 불신앙으로 돌아갔습니다. 베드로는 부활 소식을 듣고서도 고기를 잡으러 갔습니다. 마리아도 부활을 믿지 않았기에 예수님의 시체에 기름을 바르려고 무덤으로 갔습니다.

왜 믿지 않았을까요?

일반적으로 사람은 부활할 수 없기 때문입니다. 과학적, 의학적, 생리적으로 불가능하다고 배웠기 때문입니다.

그런데 사실대로 부활하셨습니다
왜 부활하셔야 합니까?

"바울이 자기의 관례대로 그들에게로 들어가서 세 안식일에 성경을 가지고 강론하며 뜻을 풀어 그리스도가 해를 받고 죽은 자 가운데서 다시 살아나야 할 것을 증언하고 이르되 내가 너희에게 전하는 이 예수가 곧 그리스도라 하니"

사도행전 17장 2절에서 3절을 보면, 사도바울은 '예수님이 부활하셔야만 하는 당위성'을 증언했습니다. 예수님은 하나님이시기 때문입니다. 그리고 예수님은 우리에게 생명을 주시고자 부활하셨습니다. 부활의 첫 열매가 되시려고 부활하셨습니다. 예수님의 부활은 예수님 혼자만의 특별한 사건으로 그치는 것이 아니라, 예수님을 따르는 모든 믿는 자의 것입니다.

이 사실을 모르는 유대인들은
예수님의 부활을 부정하기 위해
어떤 조작을 했습니까?

예수님의 부활을 믿지 못하는 사람들은 상상력을 총동원하여 엉뚱한 이론을 만들어 내기에 바빴습니다. 그들은 예수님의 부활을 부정하려고 여러 가지 설說을 발표했습니다. 예수님의 제자들이 예수님의 시체를 도둑질하여 부활을 조작했을 것이라는 '도난설', 제자들이 예수님을 간절히 보고 싶어 하다가 환상을 보았을 것이라는 '환상설', 예수님이 죽은 것이 아니라 기절했다가 깨어나 도망갔을 것이라는 '기절설' 등이 있습니다. 그러나 이런 설들은 오히려 예수님의 부활을 반증하고 있습니다. 도난설은 예수님의 무덤이 비어있다는 것을 증명하고 있고 환상설은 예수님을 본 사람들이 있다는 것을 증명하고 있으며 기절설은 예수님이 확실히 살아 계신다는 것을 증명하는 것입니다.

예수께서 죽은 자 가운데서 부활하신 네 가지의 증거가 있습니다

첫째, 예수님의 부활은 예언된 사건입니다. 예수님은 이방인들에게 넘어뜨림을 받아 희롱을 받았고 능욕, 침 뱉음, 채찍질을 당했습니다. 이처럼 온갖 냉대와 무시, 굴욕을 당하셨지만 누가복음 18장 31절에서 33절을 보면, 예수님은 죽임을 당한 후 삼 일 만에 다시 살아나실 것임을 친히 말씀하고 있습니다. 이 세상에 어느 누가 자신의 죽음과 부활을 예언할 수 있겠습니까? 예수님의 죽음과 부활은 구약 성경에 여러 차례 예언되었을 뿐만 아니라, 예수님께서도 직접 예언하신 사건입니다.

둘째, 빈 무덤이 예수님의 부활을 증거합니다. 예수님은 분명히 죽으셨다가 살아나신 것입니다. 빌라도가 예수님의 죽음을 확인했고,마가복음 15:44 백부장이 이것을 확인하기 위해 창으로 예수님의 옆구리를 찔렀습니다. 이때 물과 피가 나왔다는 것은 의학적으로 예수님이 이미 죽으셨음을 확증합니다. 예수님의 무덤은 실제로 예루살렘 근교에 있는 장소였습니다. 아리마대 사람 요셉이 예수님을 세마포로 싸서 바위 속에 판 무덤에 넣어 두고 돌을 굴려 무덤 문에 놓았습니다. 이 무덤은 또한 로마 군인들에 의해 지켜졌습니다. 로마 군인들의 파수 규율은 너무도 엄격해서 책임을 다하지 못할 때는 사형까지 당했다고 합니다. 그러므로 이들이 무덤을 잘못 지켜서 시체를 도둑맞는다는 것은 아주 힘든 일이었습니다. 시체가 없어진 것에 대한 유대인과 제사장들의 조작마태복음 28:12~15은 예수님이 부활하신 것을 증거합니다.

셋째, 부활하신 예수님을 직접 본 사람들이 증거합니다. 실제로 사도들을 비롯하여 500여 명이 넘는 사람들이 부활하신 예수님을 보았습니다. 실제로 예수님이 부활하지 못했다면 그 증인들은 거짓 증인이 되는 것입니다. 만일 부활이 성취되지 않았다면 어떻게 되겠습니까? 우리의 믿음이 다 헛되고 우리는 여전히 죄 가운데 있을 것입니다.

넷째, 교회와 성도에게 능력으로 나타나셨습니다. 예수님은 지금도 교회와 성도에게 능력으로 역사하고 계십니다. 초대교회 설교의 주제가 바로 예수님의 부활이었습니다. 부활을 증거할 때 능력이 나타났습니다. 만일 무덤에 시체가 그대로 있었다면 성도들은 베드로의 설교에 어떤 반응을 했을까요? 아마도 모두가 코웃음을 쳤을 것입니다. 하지만 예수님은 분명히 부활하시어 성령으로 역사하셨기 때문에 베드로의 설교를 들은 사람들은 양심이 찔려 회개하고 구원을 받을 수 있었습니다. 이 날 복음을 받은 3,000명은 사도의 가르침을 받아 서로 교제하고 떡을 떼며 오로지 기도하기를 힘썼습니다. 사도행전 2:41~42

부활의 결과

예수님은 부활 후 성령을 보내셨습니다. 성령을 받은 사람들은 성령의 능력을 누릴 수 있습니다. 하나님은 부활을 통해 예수님이 바로 하나님의 아들 그리스도이심을 선포하셨습니다. 그리고 예수님을 모든 이름 위에 뛰어나게 하시고, 또 만물을 그의 발 아래에 복종하게 하시며, 그를 만물 위에 교회의 머리로 삼으셨습니다. 예수님은 우리의 낮은 몸을 자기 영광의 몸의 형체와 같이 변하게 하실 것입니다.

예수 그리스도는 어제나 오늘이나 영원토록 동일하십니다. 부활하신 주님은 지금도 성령으로 우리와 함께하시고 언제나 동행하십니다. 잠자는 자들의 첫 열매가 되신 예수님이 다시 오실 날, 우리는 감격의 부활을 체험하게 될 것입니다.

스코트 목사의 선교 이야기

"보혜사 곧 아버지께서 내 이름으로 보내실 성령

그가 너희에게 모든 것을 가르치고 내가 너희에게 말한 모든 것을

생각나게 하리라"요한복음 14:26

인도의 개척 선교사였던 스코트 목사는 복음이 전파되지 않은 미개척 선교지를 향하다가 적의를 품은 한 무리에게 붙잡혔습니다. 그들은 긴 창으로 그의 심장을 겨누었습니다. 스코는 목사는 '이젠 꼼짝 없이 죽게 되는구나.' 하는 생각이 들었지만 그는 하나님의 약속 위에 굳게 서서 늘 가지고 다니던 바이올린을 켜며 원주민의 언어로 찬송을 하기 시작했습니다.

"주 예수 이름 높이어 다 찬양하여라

그 앞에 무릎 꿇고서 면류관 드리세

금 면류관을 드려서 만유의 주 찬양"

스코트 목사는 잠시 후면 다가올 죽음을 기다리며 눈을 감고 찬양을 계속했습니다. 그러나 3절이 끝나도록 아무 일도 일어나지 않아 눈을 떠보니 그를 겨누고 있던 사람들의 손에 창이 떨어져 있었으며 눈에는 눈물이 가득 고여 있는 모습을 보게 되었습니다. 그리고 사람들은 찬양을 받으실 높으신 이름이 누구인지 말해 달라고 했습니다. 그러자 스코트 목사는 그들에게 복음을 전달했고, 예수 그리스도를 영접시켰습니다. 너무나 극적인 이 일화는 성령의 역사가 있었기에 가능한 것이었습니다.

능력 있는 그리스도인이 되려면 성령은 누구시며 왜 오셨으며 우리와는 어떤 관계를 맺고 있는지, 성령 충만을 어떻게 받는지, 그 결과는 무엇이며 어떻게 성령 충만을 지속할 수 있

는지를 알아야 합니다.

하나님은 보혜사 성령을 보내사 영원히 우리 안에 거하겠다고 하셨습니다. 그 성령은 모든 것을 깨닫도록 도와주실 것입니다. 또, 예수 그리스도를 증거하게 할 것이고, 장래 일을 알게 할 것입니다. 하나님은 우리가 성령을 받으면 권능을 받고 땅 끝까지 증인이 될 것이라는 약속을 하셨습니다. 성령은 실제로 지금, 영원히 우리와 함께하십니다. 지금 우리가 누군가를 위해 기도하면 성령은 그의 배후에서 사실적으로 역사하십니다. 그런데 많은 신자가 이 사실을 믿지 않습니다. 그러나 우리가 믿든 안 믿든 성령은 우리를 인도하고 계십니다. 우리는 성령의 실제성을 인정해야 합니다.

구약 시대에도 성령은 하나님의 사람들과 동행하셨습니다. 요셉이 형들 때문에 미디안 상인들에게 팔려갈 때, 보디발의 집으로 넘어갈 때, 감옥에 들어갈 때도 성령은 동행하셨습니다. 신약에서는 성령이 믿는 자 안에 내주한다고 했습니다. 예수님을 영접하면 성령이 내주하시며 영원히 떠나지 않으십니다. 그래서 성도는 하나님의 성전입니다.고린도전서 3:16, 6:19

성령은 누구신가?

성령 하나님은 삼위일체 하나님의 제3위입니다. 성부, 성자, 성령, 각 위격이 온전하신 하나님이신 동시에 이렇게 3위가 한 하나님이십니다. 이를 삼위일체라 합니다. 사람의 머리로는 이해하기가 힘들지만 성경은 삼위일체 하나님을 설명합니다. 그러므로 삼위일체는 이해하려 하기보다 믿어야 할 사실입니다. 사람의 수준으로 하나님을 다 이해할 수 없기 때문입니다. 하나님은 성령으로 우리 가운데 임재하시며 우리 안에 들어오셔서 내주하십니다. 성령은 지성과 의지와 감정을 갖고 계십니다. 성령은 깨닫기도 하시고 느끼기도 하시고 행동하기도 하십니다. 성령은 그리스도 군대의 총 지휘관이며, 전도와 선교의 지휘자이십니다.

성령은 성자가 성부로부터 보내신 보혜사保惠師 곧, 성부로부터 나오시는 진리의 영이십니다. 보혜사는 파라클레이토스 Παρακλειτος, paracletos입니다. 이 뜻은 위로자, 보호자, 안위자, 변호자입니다. 흔히 이스라엘 사회에서는 어머니의 별명 또는 역할을 '파라클레이토스'라고 했습니다. 이것의 유래는 다음과 같습니다.

이스라엘의 아버지들은 가정교육에 매우 엄격합니다. 아들이 곁길로 가면 꾸중하고 무서운 체벌을 가합니다. 그러면 아들은 '저 사람이 정말 나의 아버지일까?'라고 의심한다고 합니다. 그때 어머니는 아들의 어깨를 두드리며

"아들아, 네가 잘못할 때마다 아버지의 마음은 얼마나 아
픈 줄 아느냐. 너를 때릴 때마다 아버지는 가슴에서 뜨거운 눈
물을 흘리신다." 라고 말해준다고 합니다. 그러면 아들은 크게
뉘우치고 아버지 앞에 가서 용서를 구합니다.

보혜사라는 말은 이처럼 아들과 아버지의 관계를 아름답
게 이어주는 어머니의 역할을 의미하는데서 유래되었습니다.

우리가 고난이나 이해할 수 없는 고통으로 눈물을 흘릴 때,
보혜사 성령은 아버지에게 맞은 아들을 위로하는 어머니처럼
눈물을 닦아주시고 위로해주십니다. 인생이 광야처럼 삭막하
고 힘들 때, 아무도 나를 돌아봐주지 않는다고 생각되는 고독
한 순간에도 내 영혼을 안아주시는 위로의 보혜사 성령님의
손길을 잊지 말아야 합니다.

성령은 하나님의 영이시며, 그리스도의 영, 생명의 영, 진
리의 영, 은혜의 성령, 약속의 성령이십니다. 성령은 하나님과

동등한 속성을 갖고 계시며 성도를 구원하시고 함께하시는 하나님의 방법이기도 합니다. 그래서 예수 그리스도 이름을 선포하고 부르는 곳에 나타나시고 우리가 말씀을 읽고, 듣고, 선포하는 곳에 역사하십니다.

성령은 왜 오셨는가?

성령은 하나님을 떠나 죄와 사망의 법에 매여 일생토록 종노릇하는 우리를 해방하시려고 오셨습니다. 악령의 손에서 우리를 해방하시려고 하나님의 영이 오신 것입니다. 성령은 우리 안에 늘 내주하십니다. 그렇기에 누구도 성령을 쫓아낼 자가 없고 누구도 성령의 손에서 우리를 빼앗아 갈 자가 없습니다. 성령은 그리스도를 설명하시려고 그리스도의 영광을 나타내시려고 우리에게 임하셨습니다.

그런데 어떤 사람들은 성령의 능력을 육신으로 체험하려고 합니다. 성령의 능력을 육신으로 체험하면 황홀해하지만 그 체험이 없을 때는 낙심합니다. 이는 마치 무속인이 귀신과 육체적인 접촉을 하여 힘을 얻는 방법과 비슷합니다. 이렇게 주술적인 방법으로 성령을 체험하려다 보니 정상적인 삶을 살기가 어렵습니다. 금식기도, 철야기도, 산기도 등 특별기도가 일상이 되다 보니 삶의 리듬이 깨집니다. 이것보다 더 좋은 것은 성령이 우리와 늘 함께 계심을 믿고 성령 충만을 받는 것입니다. 이때 삶에 하나님의 능력이 나타납니다. 성령 충만을 받으면 학업과 직업 현장이 순조롭게 흘러갑니다. 우리의 머리로 계획을 세우기보다는 기도하면서 성령의 지혜를 구하고 성령 인도를 받는 것이 훨씬 좋습니다. 그러면 우리의 과거문제, 현실문제, 미래문제 역시 해결 받게 됩니다. 또, 성령이 역사하시면 꼭 필요한 사람을 만나게 하실 것이며 필요한 장소를 예비하실 것입니다.

증인들의 이야기 **열셋.**

성령이 충만했던
무디 Dwight L. Moody

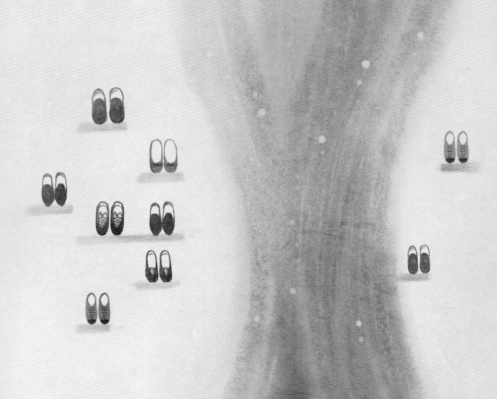

"육에 속한 사람은 하나님의 성령의 일들을 받지 아니하나니 이는 그것들이 그에게는 어리석게 보임이요, 또 그는 그것들을 알 수도 없나니 그러한 일은 영적으로 분별되기 때문이라" 고린도전서 2:14

세계적인 부흥사이며 전도자였던 드와이트 무디Dwight L. Moody는 1837년 미국 매사추세츠주 이스트노스필드에서 가난한 벽돌공의 아들로 태어났습니다. 무디의 아버지는 공사장에서 일을 하다 사고로 일찍이 세상을 떠나, 무디는 홀어머니품에서 겨우 초등학교 교육만 받고 자라났습니다. 그러나 신앙이 깊었던 그의 어머니는 무디에게 하나님의 일보다 세상일을 앞세워서는 안 된다고 가르쳤습니다. 무디는 17세가 되는 해에 보스턴에서 구둣가게를 운영하는 외삼촌 밑에서 일을 하게 되었습니다. 그곳에서 지내면서 신앙심이 깊은 컴볼 선생님을 만나게 되었습니다. 그는 무디에게 물었습니다.

"자네는 진정으로 십자가에서 죽고 부활하신 예수 그리스도를 마음속으로 영접한 적이 있는가?"

사실 그때까지 무디는 그런 경험이 없었습니다. 그런데 컴볼 선생님이 무디의 손을 잡고 간절히 기도하자 18세 소년인 무디에게 성령의 불길이 쏟아졌습니다. 무디는 가슴이 너무 뜨거워짐을 느끼고 밖으로 뛰어나가

"하나님 그만, 그만요!"

라고 외쳤습니다. 그리고 어머니에게 이 체험을 적어 보냈습니다.

"어머니! 1837년은 제가 세상에 태어난 해지만 18년이 지난 오늘은 성령으로 새롭게 태어난 저의 두 번째 생일입니다. 어머니! 기뻐해주세요."

무디에게는 가난도 지식의 부족함도 환경의 어려움도 전

혀 문제가 되지 않았습니다. 그는 그때부터 만나는 사람들에게 복음을 전했고 전도의 역사는 크게 일어났습니다. 1899년, 63세의 나이로 하나님의 품에 안길 때까지 무려 100만 명 이상을 전도한 세계적 전도자가 된 것입니다. 누구든지 진정으로 예수 그리스도를 주인으로 모시고, 성령의 역사로 복음을 체험한 자는 복음을 전하는 자가 됩니다. 만약, 우리가 복음을 전할 수 없다면 복음에 대해 알지 못하거나 혹은 복음에 대한 확신과 체험이 없는 사람일 것입니다.

우리의 인생에 예수 그리스도가 주인이 되시면, 실패란 있을 수 없으며 생명의 열매를 맺을 수밖에 없습니다. 그래서 우리는 날마다 말씀으로 결단을 해야 하며 기도의 영권을 소유해야 합니다. 그러기 위해서는 먼저, 성경을 바탕으로 '나는 누구인가?'를 질문해야 합니다.

세상에는 두 종류의 사람이 있습니다. 그리스도인과 비非그리스도인입니다. 그리고 그리스도인 가운데는 그리스도를 주인으로 모시고 사는 성령의 사람이 있고, 성령의 뜻을 따르지 않고 육신의 소욕을 추구하며 살아가는 육의 사람이 있습니다. 이들 중 당신은 어떤 사람입니까?

비非 그리스도인

비非 그리스도인들은 성령의 일을 받을 수 없으며 깨달을 수도 없습니다. 그들에게는 성령의 일이 미련하게 보일 뿐입니다. 그들은 영적으로 죽어 있어서 영적인 눈이 아닌 육신의 눈으로만 판단합니다. 그들의 자아에는 성령이 없기 때문에 성령을 좇아 행하지 못하며 육체의 욕심을 따라 살아갑니다. 그들의 모든 행동 원리는 자기 욕심의 범주를 벗어나지 못합니다. 비非 그리스도인들에게는 세 가지 특징이 있습니다.

그들은 영적으로 사망 상태에 있고 공중 권세를 잡고 있는 마귀의 손에 장악되어 있으며 본질상 진노의 자녀로 근본적인 저주에 빠져 있습니다. 그래서 운명에서 벗어나지 못하고 우상과 귀신을 섬깁니다. 그들의 마음 상태는 거짓되고 부패

해 있습니다.예레미야 17:9 예수님의 말씀대로 그들의 마음속에
는 12가지의 악한 생각들로 채워져 있습니다. 예수님은 사람
에게서 나오는 12가지 생각 즉 음란, 도둑질, 살인, 간음, 탐욕,
악독, 속임, 음탕, 질투, 비방, 교만, 우매함이 사람을 더럽게
한다고 말씀하셨습니다. 또 이것들은 사탄이 활동할 수 있는
발판 역할을 하게 됩니다. 성경은 비 그리스도인과 하나님의
관계를 어떻게 말하고 있을까요? 요한복음 3장 36절에는 하나
님을 믿지 않는 그들 위에는 하나님의 진노가 머물러 있다고
기록되어 있습니다.

구원을 받았으나 육의 사람

구원은 받았지만 육에 속한 신자가 있습니다. 그들은 율법

에는 밝으나 복음은 잘 모릅니다. 니고데모는 바리새인으로서 성경을 많이 알았고 기도도 많이 했으며, 구제나 착한 일도 많이 하고 살았지만 속으로는 늘 풀리지 않는 고민이 있었습니다. 그래서 그는 열심히 신앙생활을 했는데도 불구하고 고민과 방황이 끊이지 않았습니다. 그 이유는 그리스도를 정확히 알지 못했기 때문입니다. 예수님은 그에게 말씀하셨습니다.

"예수께서 대답하여 이르시되 진실로 진실로 네게 이르노니 사람이 거듭나지 아니하면 하나님의 나라를 볼 수 없느니라"요한복음 3:3

니고데모를 비롯하여 육에 속한 사람들은 영적으로 무지합니다. 영적 축복과 영적 유산을 모르기에 누리지 못합니다. 그들은 불신앙에 빠져 있기 때문에 하나님께 늘 불순종하며 살게 되고, 그들 속에는 하나님의 사랑이 머물 자리가 없습니다. 그래서 그들은 자기중심적이고, 자신이 늘 주인이기 때문에 예수 그리스도의 능력을 실제로 체험할 수 없습니다. 이는 곧 성령을 소멸하는 삶을 살고 있는 것과 같습니다. 성령의 일은 받지 않으면 육신적인 일에만 끌려 다니게 됩니다. 교회를 다니면서도 하나님 말씀에 굴복하지 않고 육신의 생각으로 살기 때문에 하나님의 원수가 됩니다. 이러한 삶은 자신은 물론, 하나님을 기쁘시게 할 수 없습니다.

성령의 사람

갈라디아서 5장 22절에서 23절의 말씀처럼 성령의 사람에게는 성령의 열매가 나타납니다. 성령의 열매는 사랑, 희락, 화평, 오래 참음, 자비, 양선, 충성, 온유, 절제를 말합니다. 성령의 사람은 그 인격과 성품이 변화되며 삶에도 변화가 일어납니다. 즉, 외적인 변화 이전에 근본의 변화가 일어나는 것입니다. 그래서 육신적인 삶을 살지 않고 그리스도 안에서 그리스도 중심으로 살아갑니다. 믿음으로 사는데 어려움을 주는 육체의 걸림돌을 제거하는 방법은 육신의 정욕과 욕심을 십자가에 못 박는 것입니다. 그래서 사도 바울은 이렇게 고백했습니다.

"내가 그리스도와 함께 십자가에 못 박혔나니 그런즉 이제는 내가 사는 것이 아니요 오직 내 안에 그리스도께서 사시는 것이라 이제 내가 육체 가운데 사는 것은 나를 사랑하사 나를 위하여 자기 자신을 버리신 하나님의 아들을 믿는 믿음 안에서 사는 것이라"갈라디아서 2:20

우리가 그리스도를 믿게 됨으로써 하나님 자녀가 되기 이전의 옛 사람은 이미 십자가에 못 박혀 죽었습니다. 이제는 우리가 사는 것이 아니라, 오직 우리 안에 예수 그리스도께서 사시는 것입니다. 이제 우리는 예수 그리스도 안에서 새로 태어나 새 사람이 되었습니다. 그러니 이제 그리스도 안에서 새 능력을 공급 받을 수 있습니다.

예수 그리스도 안에 있는 사람은 어떠한 형편에서든지 자족합니다. 비천에 처할 줄도 알고 풍부에 처할 줄도 알아 모든 일 곧, 배부름과 배고픔과 풍부와 궁핍에도 처할 줄 아는 일체의 비결을 갖고 있습니다. 성령의 사람은 영적 분별력을 통해 올바른 판단을 하게 됩니다. 말씀을 통하여 하나님의 뜻에 대한 분별력이 생깁니다.고린도전서 2:14~16 또, 성령의 사람은 예수 그리스도의 마음을 갖고 있기에 모든 것을 예수 그리스도의 눈으로 보게 되고, 언제 어디서 무엇을 하든지 먼저 성령의 뜻을 찾고 그 뜻을 따르기를 기뻐합니다.

증인들의 이야기 **열넷.**

기도의 힘

"너는 기도할 때에 네 골방에 들어가 문을 닫고
은밀한 중에 계신 네 아버지께 기도하라
은밀한 중에 보시는 네 아버지께서 갚으시리라" 마태복음 6:6

"주님! 남편이 어떤 식인지 아십니까?"

"너 자신은 어떤 식인지 아느냐?"

"주님! 제게 변화되어야 할 것들이 있다는 말씀인가요?"

"너무도 많지. 그 내용을 들어볼 준비가 되어 있느냐?"

"그렇다고 생각합니다."

"네가 진정 준비를 갖추었을 때 내게 이르라."

"하나님! 왜 저입니까? 변화를 필요로 하는 사람은 제 남편입니다."

"중요한 것은 누가 변화를 필요로 하느냐가 아니라,

누가 기꺼이 변화되고자 하느냐다."

"하지만 하나님! 이건 공정하지 않습니다."

"나는 인생을 공정하다고 말한 적이 없으며, 공정한 이는 오직 나뿐이라고 말했느니라."

"그렇지만 제가…."

"누군가가 기꺼이 시작해야 한다."

"그러나…."

"결혼 생활을 유지하는 것을 얼마나 중요하게 여기느냐?"

"매우 중요합니다. 파경이란 도저히 받아들일 수 없는 일입니다."

"내 방식대로 하겠다. 너를 변화시키는 일부터 시작하자."

"주님! 올바른 태도를 갖도록 도와주소서."

"그건 네게 달렸느니라."

"남편이 저를 위해 기도하지 않는데도 제가 그를 위해 기도해야 하나요?"

"그렇고말고."

"하지만 그건…. 알겠습니다. 기억이 납니다. 인생은 공정한 것이 아닙니다. 오직 주님만이 공정하십니다!"

(하나님께서 침묵 중에 고개를 끄덕이심)

"복종하겠습니다. 어서 진행시키소서. 이것은 고통스러운 일이겠지만 주의 말씀을 따르겠습니다. 변…화… 제가 이렇게 말하고 있다는 걸 믿을 수 없습니다."

(깊은 숨을 몰아쉰 후)

"주여! 저를 변화시켜주소서."

그녀는 변화되기 시작했고, 남편도 변화되기 시작했습니다.

스토미 오마샨의 <아내의 기도로 남편을 돕는다> 중에서

기도의 힘

기도할 때 어떤 일이 일어날까요?

하나님 자녀가 기도할 때, 성령이 역사하십니다. 예수님은 구하는 자에게 성령을 주시겠다고 약속하셨습니다. 하나님 자녀에게는 이미 성령이 내주하고 계신데, 왜 또 성령을 구하라는 것일까요? 성령 충만을 간구하라는 것입니다. 즉, 성령의 다스림을 구하라는 것입니다. 우리의 전인격을 지배하는 주인의 자리에 성령을 모시라는 것입니다. 이때 자신의 노력으로 해결되지 않았던 옛 체질과 나쁜 습관 등을 극복할 수 있습니다.

성도의 기도는 전능자의 손을 움직입니다. 하나님은 하나님을 반역하고 우상숭배에 빠진 이스라엘 민족의 죄를 사하여 주시기를 간구하는 모세의 중보기도를 들으시고 진노의 손을 거두셨습니다.출애굽기 32:32 지금도 하나님은 가족과 나라와 민족을 위한 우리의 기도를 듣고 계십니다. 예수 그리스도 이름으로 명령할 때, 모든 흑암 세력이 벌벌 떨고 도망갑니다. 하나님 자녀가 혼자서 또는 모여서 기도하면 하늘의 천사들과 군대가 역사하는 기이한 일이 벌어집니다. 사도행전 12장 1절에서 10절을 보면, 초대교회가 옥에 갇힌 베드로를 위해 전심으로 기도했을 때, 하나님은 천사를 보내어 베드로를 구출해주셨습니다.

기도하는 자의 믿음

예수님이 가르쳐 주신 기도를 보면, 금하는 내용이 있습니다. 사람에게 보이려고 기도하지 말고, 이방인처럼 말을 많이 해야 들으실 줄로 착각하여 중언부언하지 말라고 하셨습니다. 하나님은 믿음의 기도에 응답하십니다. 사람들에게 보이기 위한 기도나 우상에게 빌듯 인간적인 노력으로 하는 기도는 듣지 않으십니다.

예수님은 응답 받는 기도에 대해서도 가르쳐주셨습니다. 우리는 먼저 하나님을 바르게 알고 불러야 합니다. "하늘에 계신 우리 아버지여" "하늘에 계신"은 하나님의 초월성을 의미합니다. 하나님은 모든 것을 다 하실 수 있으시며, 모든 것을 다 아시며, 어디든지 계신 창조주이십니다. 어떤 우상 안에 거하는 신이 아닙니다. 그분은 지금도 하늘 보좌에서 우주만물을 통치하고 계십니다. 또, 아무나 하나님께 기도하는 것이 아닙니다. 오직 그분의 자녀만이 기도할 수 있는 자격이 있습니다. 예수 그리스도를 구주로 영접한 사람은 하나님 자녀가 되어, 하나님을 "아빠"라고 부를 수 있습니다. 주님은 기도할 때, 가장 먼저 하나님의 이름을 찬양하라고 가르쳐주셨습니다. "이름이 거룩히 여김을 받으시오며" 우리는 흔히 기도하면 하나님에 대한 찬양보다 자신을 위한 기도를 먼저 하는 경향이 있는데 먼저 하나님 이름의 능력을 알고 그 이름을 찬양하는 것이 옳습니다.

기도하는 자의 자세와 기도내용

예수님은 기도하는 자의 자세와 기도의 내용에 대해서도 말씀해주셨습니다. 먼저 복음을 알아야 바른 기도를 할 수 있습니다. "나라가 임하시오며" 예수님은 세상에서 거부하는 하나님의 통치를 회복하기 위해 아담이 하나님께 불순종하여 사탄에게 빼앗긴 주권을 회복하러 오셨습니다. 이를 위해서 사람의 몸을 입고 세상에 오셨고, 십자가를 지심으로 죄 값을 대속하셨습니다. 또한, 하나님은 이런 사실을 믿는 사람은 누구든지 죄를 용서하고 하나님 자녀로 삼겠다고 약속하셨습니다.

주님은 구원받은 자녀들에게 성령을 주심으로 그들이 하나님께 순종할 수 있게 하셨습니다. 주님은 이런 과정을 통해서 아담이 잃었던 주권을 다시 회복해주셨습니다. 복음은 주님이 인류를 구원하여 그들이 잃은 주권을 회복하게 해주셨다는 소식입니다.

예수님을 구주로 영접한 사람에게는 이미 하나님 나라가 임한 것입니다. 그래서 하나님 자녀는 가는 곳마다 복음이 전파됨으로 하나님 나라가 확장되기를 기도해야 합니다. 또한, 내 뜻 이전에 하나님의 뜻을 찾아야 합니다."뜻이 하늘에서 이루어진 것같이 땅에서도 이루어지이다" 하나님의 뜻은 바로 이 땅에 하나님 나라가 임하는 것입니다. 나아가 전 세계에 복음이 전파되어 하나님의 주권과 통치가 임하는 것입니다.

우리는 일상생활 역시 하나님께 맡겨야 합니다."오늘 우리에게 일용할 양식을 주시옵고" 우리의 생명과 삶은 하나님께 달려있습니다. 그리스도의 피 값으로 죄용서 받았음을 알고, 다른 사람을 용서하는 자가 되어야 하며"우리가 우리에게 죄 지은 자를 사하여 준 것 같이 우리 죄를 사하여 주시옵고" 시험을 깨닫는 자가 되어야 합니다."우리를 시험에 들게 하지 마시옵고" 또, 우리 인생길에는 수많은 시험이 다가옵니다. 이것을 분별하는 지혜와 넘어설 수 있는 믿음이 필요합니다. 나아가 사탄의 속임수를 아는 자가 되어야 합니다."다만 악에서 구하시옵소서" 사탄은 지금도 우리의 이성과 감정, 의지를 유혹하고 있습니다. 그래서 사탄의 유혹에 빠지지 않도록 날마다 기도해야 합니다. 마지막으로 모든 것이 영원히 하나님의 것임을 고백해야 합니다."나라와 권세와 영광이 아버지께 영원히 있사옵나이다" "아멘"은 지금까지 드린 기도가 진실하다는 것과 기도를 드린 대로 이루어지기를 원한다는 신앙고백입니다.

먼저 할 것 세 가지

예수님은 기도하기 이전에 먼저 할 것 세 가지를 말씀해주셨습니다. 가장 먼저 기도하기 이전에 형제와 화목하라고 말씀하셨습니다. 이웃과 벽을 쌓거나 원수를 만들고 기도하면 안 됩니다. 하나님의 사랑을 받은 자는 다른 사람을 용서할 수 있습니다.

또, 의식주 이전에 먼저 하나님 나라와 그의 의를 구하라고 하셨습니다. 즉, 복음 전파를 통해 하나님의 통치와 하나님의 의가 회복되기를 간절히 찾고 구하라는 것입니다. 어떤 문제가 있든지 그곳에 하나님의 통치와 의가 임하면 끝나는 것입니다.

마지막으로 다른 사람을 비판하지 말고 먼저 자신의 허물을 살피라고 하셨습니다. 그러면 우리의 입에서는 늘 다른 사람을 향한 축복의 말이 나올 것입니다.

하나님 자녀의 확신과
믿음을 회복하기까지

"아무 것도 염려하지 말고 다만 모든 일에 기도와 간구로

너희 구할 것을 감사함으로 하나님께 아뢰라

그리하면 모든 지각에 뛰어난 하나님의 평강이

그리스도 예수 안에서 너희 마음과 생각을 지키시리라"빌립보서 4:6~7

'나는'이 아니라, '하나님이'로

한 여자 유학생의 이야기입니다. 하루는 그녀가 있는 지역에 전도 집회가 열렸습니다. 같은 지역에 있는 다른 대학교 학생들은 믿음으로 전도 캠프를 잘 준비해나갔지만 도저히 그녀는 준비할 힘도 믿음도 생기지 않았습니다. 결국, 아무것도 준비하지 못한 그녀는 불편한 마음으로 집회에 참여하게 됐

습니다. 그리고 그녀는 기도했습니다.

"하나님! 저는 못해요. 어떻게 하란 말이에요!"

그런데 하나님은 그녀에게 깨달음을 주셨습니다.

"너는 못하니 내가 하겠다. 주체를 바꿔라. '나는'이 아니라, '하나님이'로. 그리고 믿음을 가지고 도전해라."

이후 그녀는 확신을 가지고 한 전도 팀을 자신의 대학으로 안내했습니다. 첫날, 그녀는 자신을 향한 하나님의 계획을 발견했고 시간이 갈수록 새로운 전도의 밭이 보여 믿음으로 도전하게 됐습니다. 전도 팀은 교내식당 근처에서 기타를 연주하며 한국말로 찬양을 했습니다. 그러자 사람이 하나 둘씩 관심을 보이기 시작했고, 나중에는 식당에 사람이 꽉 찰 정도로 많은 사람이 몰려들었습니다. 이윽고 전도 팀이 흩어져 복음을 전하자 많은 사람이 주님을 영접하게 됐습니다. 특히, 여러 나라에서 온 다민족 유학생들이 복음을 받았습니다. 이 순간 그녀의 불신앙은 완전히 무너졌고, 자신은 아무것도 준비하지 않았지만 하나님은 이미 모든 것을 준비하셨다는 사실을 깨달았습니다. 그녀는 졸업 후에도 그 대학의 대학원에 진학하여 계속 전도 운동을 펼치며 공부했습니다. 한 지역을 살리시려고 하나님은 영세 전부터 한 제자를 준비하시고, 때가 되자 눈을 열어 전도의 밭을 보게 하신 것입니다. 하나님은 사람의 생각을 초월하시며 생각지도 못할 정도로 기적적인 응답을 주십니다. 이런 점에서 하나님 자녀가 드리는 기도의 순서와 내용은 의미가 큽니다.

감사 Thanks giving

기도응답을 받는 성도에게는 늘 감사가 넘칩니다. 하나님

앞으로 나아갈 때마다 감사가 나오게 됩니다. 먼저 구원받은 사실에 대한 감사가 나옵니다. 하나님을 떠나 죄와 허물로 죽었는데 새 생명을 받게 된 것입니다. 하나님을 떠나자 사탄, 마귀의 자녀가 되어 여러 가지 영적문제로 고난 받게 되고, 세상풍속을 따라 우상숭배에 빠져 재앙과 저주 가운데 있었는데, 하나님의 사랑 때문에 은혜로 구원을 얻은 것입니다. 그러니 얼마나 감사한 일입니까? 심지어 고난 속에서도 감사하게 됩니다. 우리를 사랑하시는 하나님이 고난을 주실 때는 분명한 이유가 있습니다. 그 고난을 통해 기도하게 하시고 중요한 응답을 주시고자 함입니다. 고난과 문제로 기도하게 되고 살아 계신 주님을 분명히 체험하게 됩니다. 그러므로 성도에게 오는 시험과 문제와 고난은 응답의 기회가 됩니다. 감사함으로 받으면 버릴 것이 없습니다. 이렇게 되니 진정으로 찬양이 나옵니다.

찬양 Praise

하나님은 성도의 찬송 중에 거하십니다. 성도가 찬양할 때 거룩하신 하나님이 강림하시며 그 가운데 좌정하십니다. 그러므로 왕이신 하나님께 감사함과 찬송함으로 나아가야 합니다. 찬양은 믿음의 차원을 넘어서는 것입니다. 찬양한다는 것은 믿는 것을 확신하는 것이고 이미 결론과 답을 낸 것입니다. 바로 이같이 찬양하는 믿음에 주님은 강력하게 역사하시는 것입니다.

기도와 간구 Prayer, Supplication

예수님은 분명히 말씀하셨습니다.

"지금까지는 너희가 내 이름으로 아무 것도 구하지 아니하였으나 구하라 그리하면 받으리니 너희 기쁨이 충만하리라"요한복음 16:24

우리는 자신의 능력과 경건으로 기도하는 것이 아닙니다. 우리를 위해 죽으시고 부활하신 예수 그리스도 이름으로 기도하는 것입니다. 그분의 능력과 거룩함으로 기도하는 것입니다. 기도할 때, 성령이 임하시고 역사하십니다. 성령이 임하시면 불가능이 가능으로 바뀌고 어려웠던 일도 쉬워집니다. 우리가 하는 것이 아니라, 우리 속에 역사하는 성령이 행하신다는 사실을 깨닫게 됩니다. 그러므로 모든 성도는 날마다 성령 충만을 받아야 합니다.

하나님 자녀의 확신과 믿음을 회복하기까지

예수 그리스도 이름으로 기도하면 사탄의 세력이 묶입니다. 늘 우는 사자처럼 두루 다니며 삼킬 자를 찾고 말씀을 제대로 받지 못하게 공격하며, 여러 가지 속임수를 활용하여 전도를 가로막는 사탄의 세력을 예수 그리스도 이름으로 결박하면 됩니다. 어떤 성도든지 성령 충만을 받고 예수 그리스도 이름으로 기도하면 흑암 세력은 결박됩니다. 사탄은 우리가 기도하지 않는 틈을 타서 불신앙의 가라지^{볏과에 속한 한해살이풀}를 뿌리고 실패의 열매를 거두게 합니다. 계속 생명과 승리의 말씀을 심고, 사탄이 뿌려놓은 가라지를 뽑고 결박시키는 것이 승리하는 신앙의 비결입니다.

중보기도 Intercession

우리에게는 타인을 위하여 대신 기도할 수 있는 중보기도의 특권이 있습니다. 나라와 민족 그리고 다른 사람을 위해 기도할 수 있습니다. 다른 사람의 구원과 일을 위해 기도할 수도 있습니다. 아브라함은 하나님의 심판이 임박한 소돔을 위해 기도했고, 모세는 금송아지를 만들어 섬긴 이스라엘 백성의 죄를 위해 하나님께 기도했습니다. 기도에는 반드시 역사가 일어나기 때문에 절대 낙심하지 말아야 합니다.

사죄 Atonement

우리 마음에 죄악을 품으면 주께서 듣지 않으십니다. 죄는 하나님과 우리 사이에 장벽이 됩니다. 먹구름이 끼면 태양빛을 쪼일 수 없듯이, 죄악이 있으면 하나님의 은총을 받을 수 없습니다. 죄는 빨리 회개하고 씻음 받아야 합니다. 그래야 하나님의 은혜가 막히지 않습니다. 말로 실수하고 죄를 짓는 것도 그치고 회개해야 합니다. 말은 곧 그 사람을 능히 굴레 씌울 수 있기 때문입니다. 그러므로 우리는 믿음의 말, 복음의 말, 승리의 말을 체질화해야 합니다. 불신앙의 말, 율법적인 말, 실패의 말들은 버려야 합니다.

복음 증거Mission

"너희는 먼저 그의 나라와 그의 의를 구하라 그리하면 이 모든 것을 너희에게 더하시리라"마태복음 6:33 복음 안에 내 남은 생애가 들어갈 때 가장 가치 있는 삶이 됩니다. 예수 그리스도를 만난 모든 사람은 전도자이고, 예수 그리스도를 만나지 못한 모든 사람은 전도 대상자입니다. 그러므로 우리가 몸담고 있는 지역, 학교, 직장에서 복음을 전하는 것이 우리의 사명이고 가장 중요한 기도제목입니다.

예수 그리스도 이름으로 Jesus Salvation

기도의 근거가 예수 그리스도 이름입니다. 오직 그 이름으로만 구원을 받고 하나님께 나아갈 수 있습니다. 한편, 기도를 하고 난 뒤에도 응답에 대해 염려하거나 부담을 가질 때가 있습니다. 그러나 우리는 기도응답에 대해 절대적으로 신뢰해야 합니다. 예수 그리스도가 완벽하게 책임지시기 때문입니

하나님 자녀의 확신과 믿음을 회복하기까지

다. 내 예상을 빗나갔다고 낙심할 필요도 없습니다. 더 완벽한 하나님의 인도가 나타나게 됩니다. 불완전한 이름으로 기도한 것이 아니라, 완전한 이름으로 기도했기 때문입니다.

195

오늘,
가슴 뛰는 사명을 안고

지난 30여 년간 전도 운동을 하면서 하나님이 복음을 증거하는 이 일을 얼마나 기뻐하시는지 두렵고 떨리는 마음으로 지켜봐왔다. 하나님은 오직 성경이 말씀하는 대로 전도하겠다고, 오직 예수 그리스도만 선포하겠노라고 기도해왔던 그 시간을 내 깊은 마음속에 선명한 비전으로 아로새기셨다. 그 비전은 내 인생을 빛나게 했고, 나를 진정한 복음 승부사로 살아가도록 이끌어주었다.

이 책에 실린 15편의 작은 기록들은 지금껏 내가 살아오면서 하나님으로부터 받은 가장 값진 인생의 보화들을 모아놓은 것이다. 감히 말하건대 이 이야기는 작게는 한 사람을 향해, 크게는 세상과 인류 역사를 향한 하나님의 소원이기도 하다. 간절히 바라기는, 이 책이 도저히 헤어 나올 수 없는 인생의 갖가지 문제 속에서 아파하고 어려움을 당하는 많은 이에게 로드맵의 역할을 하기를 소망한다.

인생은 보이는 것만으로 채워져 있지 않다. 사람들은 보이지 않는 영원한 것을 빼앗겨 버렸기에 질고와 고통 속에서 신음하는 것이다. 하나님은 보이지 않지만 영원한 가치를 지닌 비밀이 있다고 말씀하신다. 그래서 사람이 결코 해결할 수 없는 인생의 부분들에 성경 말씀으로 답을 주시고 열심과 노력, 종교생활이 아닌 복음을 통해 치유받기를 기다리신다.

복음은 하나님을 아직 만나지 못한 사람들을 위해 준비된 가장 기쁜 소식이다. 이 기쁨을 한 번이라도 맛본 사람이라면 복음을 전하지 않고는 가만히 있을 수 없을 것이다. 오늘도 참된 행복에 목마른 그 누군가를 복음으로 적셔주는 하루가 되기를 기도한다.

소중한 당신의 삶을 축복하며

류광수

증인들의
이야기

초판 1쇄 발행 2015년 2월 2일

원작 | 류광수
엮은이 | 김성수
펴낸이 | 주석윤
기획편집 | 배정아 유재언 정소연
디자인 | 배유진 이혜은 윤지현
마케팅 | 이현신
펴낸곳 | 도서출판 생명

등록 | 109-91-23967

주소 | (157-811) 서울시 강서구 공항대로 41길 - 34, 2층 202호
대표전화 | 02)3662-3881
대표팩스 | 02)3662-7149
ISBN | 978-89-91848-60-3